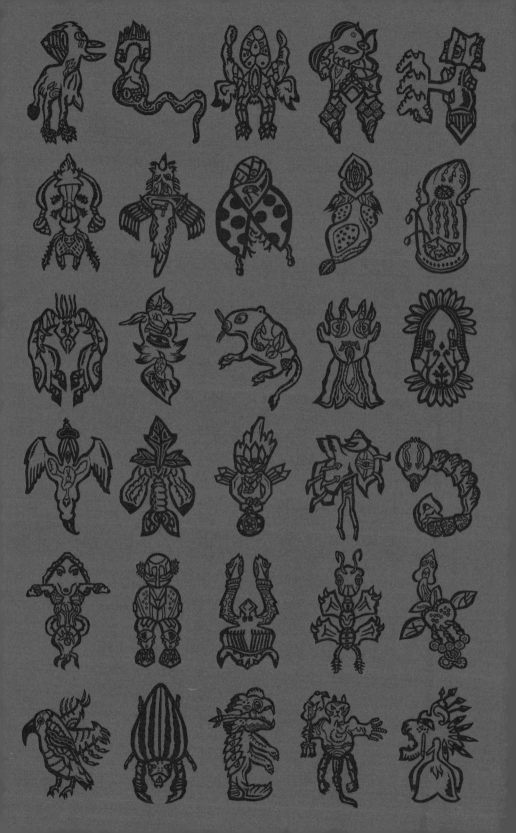

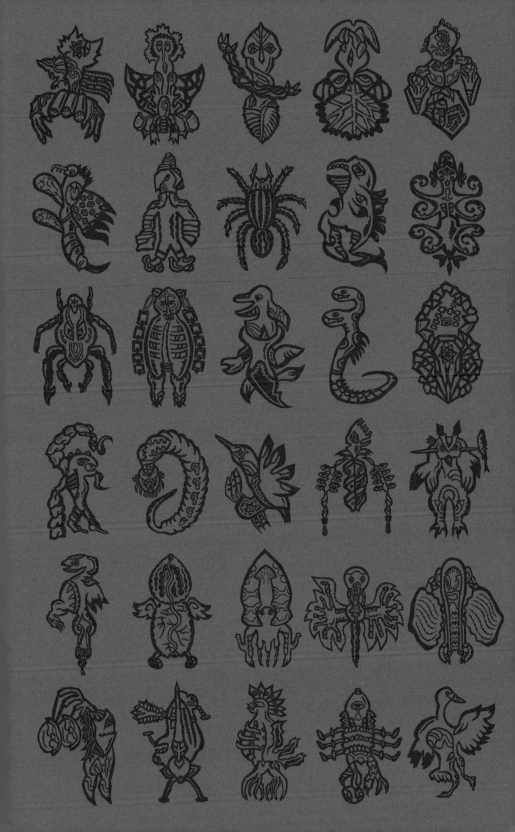

독을 약으로 바꾸는 마음의 비방

독을 약으로 바꾸는
마음의 비방

오늘날의 부적

차례

서문

서울 경복궁 근처에 적선동이 있다. 적선(積善)이란 지명은 선을 쌓으면 반드시 좋은 일이 일어난다는 옛 글에서 왔다. 하지만 선행에는 보답이 따른다는 교훈과 달리 도리어 배은망덕이 따르는 인생살이를 경험하면서 인간은 늙고 병들고 죽어간다. 바로 이 적선동에서 내가 태어났다. 태어난 곳의 땅기운을 받았기 때문인지 선의 무량한 공덕을 의심해본 적은 없다. 하지만 결초보은의 도리가 지켜지는 일은 쉽지 않음을 실감하면서 환갑의 나이를 눈앞에 두었다.

수십 년 전부터 우리 사회에 몰아친 웰빙과 치유의 열풍을 통과하면서, 열풍의 뿌리에 자리잡은 수동적 태도에 의문을 가지게 되었다. 하늘도 스스로 돕는 자를 돕는다고 했다. 하늘조차 그렇다면 정치인이든 종교인이든 나를 도울 자는 없다. 나를 이 지경으로 만든 자를 찾아 깨끗이 응징해야 오랜 치유의 여정이 끝나게 될 것이라는 말도 들려온다. 하지만 나는 그렇게 생각하지 않는다.

운명은 팔자 소관이라고 한다. 운명은 결국 마음이 관장한다는 뜻이다. 하필이면 그런 마음을 타고 났기 때문이라는 것이다. 수년 전 경복궁 근처에 구문자답(九問自答)을 열고 수천 명을 만나 그들의 고통을 접하면서 인생이 짊어진 바위 덩어리 같은 트라우마가 타고난 마음에 따라 형태가 달라진다는 사실을 알았고, 운명은 팔자 소관이라는 소박한 명제로 돌아왔다.

타고난 마음은 사람마다 다르다. 그것을 들여다보는 방법이 사주 팔자인데, 이 책에서는 팔자의 네 기둥 가운데 하나인 일주(日柱) 즉 태어난 날에 따라 마음의 유형이 정해진다고 보았다. 만세력에 따르면, 그것은 갑자(甲子)에서 계해(癸亥)까지 60가지 유형이 된다.

만약 당신이 팔자를 고치기를 원한다면, 먼저 자신의 생일에 따른 일주(日柱)를 확인하라. 그리고 책의 목차에서 당신의 일주에 해당하는 부분을 찾아 읽어 보라. 이 책은 60가지 일주의 유형이 저마다 경험하는 특유의 불균형에 대해 서술해 놓았다. 만일 당신이 여기에 적어 놓은 바로 그 불균형으로부터 벗어날 수 있다면, 당신의 인생은 결코 실패하지 않을 뿐 아니라 기대 이상의 성공을 거둘 것이다.

이 책에는 '오늘날의 부적'이라는 부제가 붙어 있다. 봉건시대의 부적이 수리수리 마수리를 외치는 수직적인 명령의 주문이었다면, 오늘날의 부적은 〈독을 약으로 바꾸는 마음의 비방〉이자 모든 이를 세상의 주인으로 우뚝 서게 하는 수평적인 사랑의 주문이 되어야 한다.

적선과 보은을 오늘의 단어로 바꾸면 공감과 연대가 된다. 저마다 한 장의 티켓을 손에 쥐고 인생이라는 기차를 탄 우리가 중도에 낙오하지 않고 무사히 목적지에 도달하려면 오직 사랑의 마음으로 내 마음의 독을 다스려야 한다. 당신의 인생이 따스한 행복의 빛깔로 변하기를 진심으로 바란다.

※ 네이버 '**이백희독약비방**' 검색결과 블로그를 방문하면, 생일에 따른 일주를 확인할 수 있다.

오늘날의
부적

갑
자
甲
子

여우甲와 쥐子

숲의 정령 여우는 높은 언덕에서 살며 호랑이가 없는 산중을 잔꾀로
지배한다.
중겨울의 에너지를 가지고 있는 쥐는 들락날락 반복을 잘하며
꾀가 능하고 환락을 즐기는 밤의 황제이다.

총명하고 두뇌 회전이 빠르며 타인을 다스리는 지도자 역량이 강하다.
자기중심적인 기질이 강하여 직언과 주장을 굽히지 않는다.
추운 겨울의 나무이기 때문에 사주에 불기운[火]이 있어야 좋은
결실을 맺는다.
고향이나 부모의 곁을 떠나서 타향에서 자수성가한다.

당신은 자작나무와 닮았다

자작나무

은자작나무(silver birch) 유럽흰자작나무(european white birch) 동아시
아흰자작나무(east asian white birch) 우는자작나무(weeping birch)
학명 | 베툴라 펜둘라(Betula pendula)

흰색 나무껍질이 특징인 자작나무의 학명은 베툴라 펜둘라인데, 베툴
라는 자작나무를 뜻하며 펜둘라는 밑으로 늘어졌다는 뜻이다. 영화 〈닥터
지바고〉에서 연인을 태운 수레가 자작나무숲을 달리는 장면으로 유명하다.
항상 눈이 쌓여 있는 지역에서는 눈에 햇빛이 반사되어 화상을 입기 쉬운

데, 자작나무는 이런 화상을 방
지하기 위해 수피(樹皮)가 하얗
게 진화했다.

　자작나무는 추운 지방에서
자라 나무껍질에 지방이 많아서
잘 부패되지 않고, 하얗고 윤이
나며, 종이처럼 얇게 벗겨져 쓰임새가 많다. 〈천마도〉처럼 그림을 그리거
나 〈팔만대장경〉처럼 불경을 새기는 데 사용되었다. 산에서 조난을 당했을
때 자작나무 껍질에 불을 붙이기도 하는데, 지방이 많은 자작나무에 불을
붙이면 잘 꺼지지 않기 때문이다.

　러시아의 농민들은 자작나무를 건강의 상징으로 믿고 이 나무로 만든
막대기로 몸을 두들겨 땀을 내는 습속이 있는데, 이것을 한욕(汗浴)이라고
부른다.

당신처럼 갑자(甲子)일에 태어난 분들이 있다

세르반테스(에스파냐 작가, 〈돈키호테〉) 1547년 9월 29일

알렉상드르 뒤마(프랑스 소설가, 〈몬테크리스토 백작〉) 1802년 7월 24일

아문젠(노르웨이 극지탐험가, 최초로 남극점에 도달) 1872년 7월 16일

버지니아 울프(영국 소설가, 〈자기만의 방〉) 1882년 1월 25일

안도 다다오(일본 건축가) 1941년 9월 13일

　켈트족 신화에서 자작나무는 재생과 정화를 상징한다. 자작나무는 가
장 먼저 잎이 달리는 나무이므로, 봄의 시작을 알리는 축제에서 꽃으로 장
식한 자작나무 기둥을 돌며 춤을 추었다. 갓난아기의 요람은 자작나무로
만들었으며, 할로윈의 유래가 된 삼하인 축제에서는 자작나무 다발로 묶은

망령을 몰아냈고, 정원사들은 자작나무 빗자루로 뜨락을 정화시켰다.

자작나무는 사랑과 미의 여신이자 풍요와 다산(多産)의 여신인 비너스의 지배를 받는다고 믿어져서, 목동들은 자작나무 막대기로 불임의 암소를 두드려 송아지를 낳게 했다고 한다. 자작나무 껍질로 불을 밝히면 행복해진다는 믿음 때문에 '자작나무 껍질로 만든 초'(樺燭)로 화촉을 밝히는 풍습이 있다.

자작나무형 인간은 슬픔으로 가득 찬 사람들이다. 나약한 자들이라서가 아니라 새로 시작하는 시간에 대한 감수성이 남다르기 때문이다. 우주가 봄을 맞이하고 나무가 이파리를 달려면, 생명의 근원인 물이 필요하다. 슬픔이란 눈물이라는 양수에서 태어나는 갓난아기의 영혼과도 같다. 눈물 많은 그들은 텅 빈 마음과 어쩔 줄 모르는 불안으로 흔들리지만, 그 같은 동요의 순간을 통과하고 나면 힘찬 생명력을 분출하는 강인한 자들이다.

자작나무형 인간의 진정한 소망은 행복이다.

영혼이 통하는 친구와 만나고 싶다
마약에 취한 듯한 희열감을 느낄 때가 있다
빠르고 강력한 에너지의 진동에 민감하다
한시도 가만히 있지 못하는 일중독자다

세상의 모든 자작나무를 위한 금언(金言)
처음 세상의 문이 열렸고, 그대가 혼자 있다.
이제 화촉을 밝힐 시간이다.

자작나무

13

담비乙와 소丑

새싹의 정령 담비는 작고 예쁘지만 뭉쳤을 때는 호랑이도 잡는
담력이 있다.
늦겨울의 에너지를 가지고 있는 소는 생각이 깊고 오랫동안
되새김질을 하며 앞을 향해 묵묵히 걷는 침묵의 수행자이지만
욱하면 뿔로 받는 성질이 있다.

온순하고 착실하며 인정이 많으나 결단력과 강인함을 속으로 지녔다.
새로운 일에 관심이 많고 집착하는 마음이 적으며 사람을 좋아하고
봉사적이다.
마음을 적극적으로 표현하지 않고 은근히 드러낸다.
인내심이 강한 반면 예민하고 자기 비관이 심한 편이다.
어려운 환경에서도 잘 버텨서 끝까지 살아남는 생존력이 있다.

당신은 보아뱀과 닮았다

보아뱀

일반보아뱀(common boa) 붉은꼬리보아뱀(red-tailed boa) 왕뱀(king
snake)

학명 | 보아 콘스트릭토르(boa constrictor)

보아뱀의 몸 색깔은 대체로 갈색·회색·흰색이 섞였고, 꼬리 부분은 유
독 붉은빛이 돈다.

보아뱀은 독이 없다. 대신 주로 밤에 매복하다가 길고 유연한 몸으로 먹
이를 조여서 혈관을 막아 죽여 통째로 삼킨다. 한번 먹이를 먹으면 일주일

에서 최대 수개월까지 먹지 않고 버틸 수 있다. 소설 〈어린 왕자〉의 코끼리를 삼킨 보아뱀이 유명하지만, 실제 보아뱀의 몸길이는 3미터를 넘지 않는다.

당신처럼 을축(乙丑)일에 태어난 분들이 있다

모차르트(오스트리아 작곡가, '음악의 신동') 1756년 1월 27일

버트런드 러셀(20세기 대표 지성인, 노벨문학상 수상, 〈게으름에 대한 찬양〉) 1872년 5월 18일

박경리(소설가, 〈토지〉 〈김약국의 딸들〉) 1926년 12월 2일

움베르토 에코(이탈리아 작가·철학자, 〈장미의 이름〉) 1932년 1월 5일

빌 클린턴(미국 제42대 대통령) 1946년 8월 19일

마돈나(미국 가수, 〈Like A Virgin〉) 1958월 8월 16일

보아라는 이름은 라틴어로 '거대한 뱀'을 뜻하는데, 브라질의 원주민이 거대 뱀 아나콘다를 '보아'라고 부른 데서 비롯되었다.

신화 속의 거대 뱀은 신성한 장소나 보물을 지키는 수호신으로 자리잡고 있다. '태양의 입구'라는 잉카문명의 유적지에는 지하세계를 넘나드는 거대 뱀의 형상이 새겨져 있다. 오랜 세월 전승된 인류의 신화에는 붓다의 깨달음을 도운 뱀의 왕 무찰린다나, 앙코르 사원을 지키는 머리가 아홉 개 달린 뱀처럼 신성한 가치의 수호자인 거대 뱀이 등장한다.

보아뱀형 인간은 이 같은 거대 뱀의 상징을 충실히 따르는 자들이다. 이들은 뱀들이 필수적으로 사용하는 독 따위는 염두에 두지 않으며, 모든 것을 한꺼번에 껴안고 모든 것을 통째로 삼키고 모든 것을 혼자서 해결하는 고고한 존재들이다.

보아뱀형 인간은 자신의 가치를 수호하기 위해서 모든 에너지를 소진할 태세를 갖추고 있다. 인간 속에 잠재된 우주 에너지인 쿤달리니가 이중으로 된 뱀의 모습을 하고 있듯이, 보아뱀형 인간 역시 자신의 에너지를 폭발적으로 사용하는 자신감 넘치는 자들이다.

보아뱀형 인간은 가끔씩 허물을 벗어 자신을 치유하는 방법을 터득해야 한다. 그렇지 않으면 넘치는 생명력을 절망적으로 탕진할 수도 있기 때문이다.

성질이 급하고 폭발하는 기질이 있다
얽매이는 것을 싫어한다
기진맥진할 때가 있다
세상은 붕괴되고 소멸되고 통제 불능으로 빙빙 돈다
꽉 잡으려고 하고 꽉 쥔다

세상의 모든 보아뱀을 위한 금언(金言)

사랑하는 사람을 통째로 삼켜버리다니,
사랑병에는 소화제가 없다.

보아뱀

병인

丙
寅

사슴丙과 호랑이寅

**태양의 정령 사슴은 스스로 왕을 자처하며 곤룡포를 입고 있다.
초봄의 에너지를 가지고 있는 호랑이는 빠르고 힘찬 지상 최고의
권력자이다.**

성격이 급하고 자존심이 세며 자신이 제일 낫다는 우월감이 강하다.
정의롭고 인정이 많아서 타인의 호평을 받는다.
만인을 기르고 이끄는 지도자의 성품이 있다.
솔직하면서도 진중한 매력이 있어 인기가 있고 인맥도 넓다.
철저히 알아보고 계략을 짠 후 순식간에 일을 처리한다.

당신은 흰머리수리와 닮았다

흰머리수리

대머리수리(bald eagle) 미국독수리(american eagle)
학명 | 할리아에투스 레우코케팔루스(Haliaeetus leucocephalus)

　흰머리수리의 종명은 레우코케팔루스인데, 그리스어로 레우코는 흰색
을 뜻하고 체팔루스는 머리를 뜻한다. 북미 중북부에만 서식하는 흰머리수
리는 날개를 펼치면 최대 2.3미터가 되는 큰 새다. 몸은 짙은 갈색이고 머
리와 꼬리는 흰색 깃털로 덮여 있으며 부리는 노란색이다. 다리에는 깃털
이 없고, 발가락이 짧은 대신 강한 발톱이 달려서 먹이를 찢기에 유용하다.

먹이사슬에서 보면 흰머리수리
는 북미 생태계 최상위에 있다.

　북미 원주민들 사이에서 흰
머리수리는 신과 인간의 메신저
역할을 하는 신성한 존재로 여
겨졌고, 독수리의 발톱과 깃털
은 왕권의 상징물로 쓰였다. 흰머리수리는 미국의 국조(國鳥)로 유명하다.
국새와 국기에 그려져 있으며, 발톱으로 13개의 화살과 올리브 가지를 쥐
고 있다.

당신처럼 병인(丙寅)일에 태어난 분들이 있다

간디(인도 독립의 아버지, '비폭력 무저항주의') 1869년 10월 2일

히틀러(독일 나치 지도자, 2차대전의 원흉) 1889년 4월 20일

김좌진(일제강점기 독립운동가, 청산리 전투를 승리로 이끎) 1889년 12월 16일

넬슨 만델라(남아공 정치인, 세계 최초의 흑인 대통령) 1918년 7월 18일

스티븐 스필버그(미국 영화감독, 〈쥬라기 공원〉) 1946년 12월 18일

　북미 해안의 원주민들은 독수리를 천둥새라고 부른다. 천둥새는 만신전
에서 최고의 자리를 차지하고 있으며, 지역 도처에서 토템 장승으로 발견
된다. 독수리 토템은 그것을 숭배하는 자들로 하여금 더 높은 곳으로 올라
가서 더 위대해지라고 자극하는 역할을 맡아왔다.

　독수리형 인간은 자신의 자리가 지상에서 가장 높은 곳이라고 믿는 자
들이다. 가끔씩 경험하는 인생의 부침은 그에게는 견딜 수 없는 모욕이다.
독수리형 인간은 자신의 무기력과 분노를 다른 이들은 짐작조차 할 수 없
는 위기감으로 받아들인다.

독수리는 지상의 인간과 천상의 신을 연결하는 영적인 전령으로 간주된다. 천상의 신에게 날아가려면 힘과 품격은 물론이요 예리한 관찰력과 탁월한 직감을 지녀야 한다. 지상의 최고 권력자인 독수리에게 기대되는 사명은 결코 쉽지 않은 것이며, 그것이 성공적으로 완수된다는 보장은 어디에도 없다.

북미 원주민의 전설에 따르면 신비로운 삼나무숲에서 홀로 제왕처럼 살아가는 천둥새는 삼나무로 담배를 만들어 피웠다고 한다. 이것은 과도한 기대치를 홀로 짊어져야 하는 독수리형 인간의 스트레스를 말해주는 해학적인 이야기가 아닐까.

자존심으로 인해 다른 사람들과 갈등을 겪는다
공기를 가르며 구름 위를 나는 느낌이 있다
기차, 강, 길 등 평행한 사물들이 눈에 띈다
세상을 객관적으로 보는 편견 없는 관찰자이다
아무도 나를 해치지 못하도록 하기 위해 힘에 대한 욕구를 느낀다

세상의 모든 흰머리수리를 위한 금언(金言)
정상에 오르고자 함은 천하를 한눈에 넣어 최고의 격을 얻기 위함이다. 권력은 차라리 부산물이다.

20

흰머리수리

21

![정묘 丁卯]

노루丁와 토끼卯

달의 정령 노루는 가까이 가면 멀어지는 안개 속의 신비를 지녔다.
중봄의 에너지를 가지고 있는 토끼는 귀엽고 섹시하며 멋을 부린다.

밝고 명랑하며 총명하고 이성적이다.
자존심이 강하고 지기 싫어한다.
풍류를 즐기지만 신경질적이고 질투를 잘한다.
묘하게 신비한 느낌이 있고 철학·종교 등에 심취하는 경향이 있다.
강해 보이는 인상은 아니며 어린아이 같은 순수함, 천진함을
지니고 있다.
강한 도화(桃花)를 가지고 있어서 매력이 다분하고 이성과 잘 엮인다.
마음이 불안하고 변덕스러우며 용두사미의 느낌이 있다.

당신은 페요테 선인장과 닮았다

페요테 선인장
악마의뿌리(devil's-root) 선인장푸딩(cactus pudding) 신성한선인장
(divine cactus)
학명/로포포라 윌리엄시(Lophophora williamsii)

페요테 선인장의 이름은 '반짝거리는'이라는 뜻을 가진 아즈텍 단어 페
요틀(peyotl)에서 유래했다. 주로 북미 멕시코지역에 서식하는 이 선인장
은 크기가 2~7센티미터에 불과할 정도로 매우 작으며 청록색을 띠고 붉은
꽃이 핀다.

페요테에는 마취성 알칼로이드 성분이 있어서 먹으면 환각을 보게 되며 실제 효과는 대마초보다 강하다. 어떤 이는 페요테를 먹으면 오색의 꿈을 꾼다고 말했다. 미국의 만화 중에 는 주인공이 사막을 헤매다가 이 선인장을 먹고 환각에 빠지는 내용이 있다.

북미 원주민은 페요테를 다양한 병의 치료에 썼다. 멕시코 원주민은 옥수수, 푸른 사슴, 페요테, 독수리를 신으로 섬겼으며 태양신이 이들을 보냈다고 믿었다.

당신처럼 정묘(丁卯)일에 태어난 분들이 있다

숭산스님(승려, 한국불교를 세계에 알림) 1927년 8월 1일

스탠리 큐브릭(미국 영화감독, 〈시계태엽 오렌지〉) 1928년 7월 26일

더스틴 호프만(미국 배우, 〈빠삐용〉) 1937년 8월 8일

해리슨 포드(미국 배우, 〈인디아나 존스〉) 1942년 7월 13일

이와이 슌지(일본 영화감독, 〈러브레터〉) 1963년 1월 24일

앤디 워쇼스키(미국 영화감독, 〈매트릭스〉) 1967년 12월 29일

페요테 선인장은 멕시코와 북미의 원주민이 제의(祭儀)에 사용한 신성한 식물이었는데, 그것은 이 식물이 불러오는 환각 효과 때문이다. 페요테 선인장은 단추라고 불리는 부분만 땅위로 나와 있고, 나머지 부분은 땅속에 묻혀 있다. 이것은 최소한의 의식만 현실과 직면하고 대부분의 무의식은 환상에 빠지는 상태와 흡사하다.

페요테 선인장형 인간에게 중요한 것은 현실의 안쪽에 존재하는 빛나는

환상이다. 전통시대의 환각이 신이나 자연과의 소통을 통해 치유가 이루어지는 통로였다면, 오늘날의 환각은 예술이나 가상현실을 통해 상상력의 확장이 이루어지는 통로이다. 페요테 선인장형 인간이 가진 가능성이 새로운 빛을 발하는 순간이다.

멕시코 지역에 전해지는 설화에 따르면, 무리에서 홀로 떨어져 힘겹게 아이를 낳은 여인이 의식을 잃고 독수리들에게 둘러싸여 있는데, 옆에 있는 작은 식물을 먹으라는 목소리가 들려서 그것을 먹고 의식이 되살아나 마을로 돌아왔다고 한다. 설화 속 여인처럼 페요테 선인장형 인간은 방향 감각을 잃고 함정에 빠진 느낌에 사로잡히기도 한다. 하지만 페요테 선인장의 존재를 알려준 보이지 않는 목소리처럼 환상 속에서 손을 잡아주는 희망의 손길이 길 잃는 자를 인도하는 이정표가 될 것이다.

무의식의 주관적인 현실에 빠진다
세상이 강렬하고 현란한 색깔로 보이는 환각을 느낀다
자신만의 세계를 창조한다
주변에 있는 사람들이 무엇을 느끼는지 알고 있다

세상의 모든 페요테 선인장을 위한 금언(金言)
현실보다 환상에 끌리는 당신은 타고난 아티스트다.

페요테선인장

무진

戊
辰

표범戊과 용辰

산의 정령 표범은 평상시에는 고양이처럼 순하다가도
순간적으로 돌변하는 정력가이다.
늦봄의 에너지를 가지고 있는 용은 적군과 아군을 구분하여 적을
단숨에 섬멸하는 냉정한 절대자이다.

신의를 중시하는 중후한 인품을 가졌다.
부귀공명의 꿈이 원대하며 현실에 적응을 잘한다.
괴강(魁罡)과 백호를 동시에 가져서 감정적으로 폭발하는 성향이 있다.
쓸데없이 돈을 낭비하지 않으며 꾸준히 저축하는 구두쇠 기질이 있다.
뚝심 있고 우직하게 밀고 나가지만 고지식하고 박력은 다소 부족하다.

당신은 불소와 닮았다

불소

학명 | 플루오린(Fluorine) (F)

　원소 주기율표에서 아홉 번째로 등장하는 플루오린의 명칭은 영국
의 화학자 험프리 데이비가 불소 성분을 담고 있는 형석을 플루오르스파
(flourspar)라고 명명한 데서 비롯되었다.
　불소는 비금속류 할로겐 원소이며, 반응성이 매우 커서 거의 모든 금속
들과 결합하여 화합물을 만든다. 반응성이 크다는 것은 다른 원소와 결합
하여 화합물을 만들기 쉽다는 것이므로, 불소는 주로 다른 원소와의 화합

물 상태로 존재한다.

불소는 독성이 매우 강해서 웬만한 물질은 녹여버린다. 불소가 수소와 결합하면 산성을 띠는 플루오린화 수소가 되는데,몸에 닿으면 피부 속의 뼈를 고통스럽게 녹인다. 불소는 에어컨·냉장고의 냉매로 널리 쓰였으나 오존층을 파괴한다는 단점 때문에 사용이 금지된 프레온 가스의 구성 성분이다.

불소는 일상생활에서 쓰임새가 많다. 대표적인 용도로는 치약에 사용되어 치석 생성과 세균 증식을 막는다. 이런 치과적 예방효과 때문에 한때는 수돗물에 불소를 포함시키는 수돗물 불소화사업이 시행되기도 했으나, 부작용을 우려하는 반대 여론으로 중단되었다.

당신처럼 무진(戊辰)일에 태어난 분들이 있다

베이컨(영국 철학자·근대 경험론의 선구자, '아는 것이 힘이다') 1561년 1월 22일

카를 마르크스(독일 사회학자, 〈자본론〉) 1818년 5월 5일

톨스토이(라시아 소설가, 〈전쟁과 평화〉) 1828년 9월 9일

니체(독일 철학자, '신은 죽었다', 〈차라투스트라는 이렇게 말했다〉) 1844년 10월 15일

오 헨리(미국 작가, 〈마지막 잎새〉) 1862년 9월 11일

빌리 홀리데이(미국 재즈가수) 1915년 4월 7일

불소형 인간은 자신의 본래 위치를 고수하지 않는 대신 새로운 흐름을 만들어내고 그 흐름에 맞는 혁신적인 가치를 창조한다. 이 과정에서 그들은 가치와 질서가 혼돈에 빠지는 순간을 만나며 자아가 텅 빈 느낌을 경험

한다.

불소형 인간은 다정하기보다 냉정한 편이다. 그들은 엄청난 추진력을 가지고 있으며, 본능적으로 무언가를 성취해내는 일에 몰두한다.

불소는 하나의 전자를 더 얻으면 바깥의 전자궤도가 채워져서 안정적인 상태가 되므로, 다른 원자의 전자를 끌어당기는 힘이 강하다. 불소형 인간은 내면의 공허를 채우기 위해서 반짝이는 신기루처럼 영혼을 끌어당기는 외부의 새것을 원한다. 불소는 광물이므로 그가 원하는 것은 물질이지만, 동시에 그것은 물질에 대한 탐욕을 넘어선 다른 질서에 대한 욕망이기도 하다. 불소형 인간이 자신의 진정한 가치를 꽃피우기 위해서는 시스템으로서의 사회에 대한 지적인 관심이 필요하다.

가치와 규율로부터 자유로운 사람이다
사회를 위한 새로운 규칙을 만들어낸다
타인들과 깊은 접촉이 없는 자신의 인격이 비어 있다고 느낀다
치아의 에나멜 같이 단단하고 빛나는 표면을 보여준다
자부심이 필요하고 사람들로부터 인정받는 것에 집착한다

세상의 모든 불소를 위한 금언(金言)

삶의 의미를 광장에서 찾을지라도 삶의 가치는 골방에서 발견된다.
행복은 작은 속삭임에만 깃들게 마련이므로.

꽃게己와 뱀巳

들의 정령 꽃게는 두 눈을 안테나처럼 높여 좌우를 살피며
옆으로 기는 첩보원의 기질을 가지고 있다.
초여름의 에너지를 가지고 있는 뱀은 강력한 독이빨과 다리 없이도
달릴 수 있는 용의 기상을 가진 살벌한 권력자이다.

영감이 발달하고 직감이 있다.
인정 많고 예의 바르며 겸손하다.
타인을 무시하는 경향이 있고 독선적이다.
겉은 밝고 긍정적이지만 속은 냉철하고 목표를 위해 독하게 움직인다.
준법적이고 조직에 잘 적응하며 주변 상황을 본인에게 유리하게
만드는 능력이 있다.
생활에 있어 폐쇄적이며 자신만의 안정된 공간에서 생활하는 것을
좋아한다.

당신은 브리오니아와 닮았다

브리오니아

흰브리오니아(white bryony)
학명 | 브리오니아 알바(Bryonia alba)

　브리오니아의 학명은 브리오니아 알바인데, 알바는 라틴어로 하얗다는
뜻이다. 브리오니아는 오이과에 속하는 여러해살이풀로 너비 1센티미터의
녹백색 꽃이 피며, 지름 1.5센티미터의 둥근 열매를 맺는다. 브리오니아의
모든 부분에는 브리오닌이라는 독성 물질이 들어 있다.
　브리오니아는 칡처럼 다른 지형지물을 덩굴로 휘감아 덮어버리는 방식

으로 번식한다. 이 때문에 자생지 밖에서는 악성 잡초로 취급되며, 미국 일부 지역에서는 유해식물로 지정되어 있다.

민간에서는 사람 모양의 뿌리를 가진 브리오니아가 비슷한 형태의 뿌리를 가진 만드라고라와 더불어 불행을 가져온다고 믿기도 했다.

고대 로마의 초대 황제였던 아우구스투스는 폭풍우가 몰아칠 때 번개로부터 머리를 보호하기 위해 브리오니아로 화환을 만들어 썼다고 한다.

당신처럼 기사(己巳)일에 태어난 분들이 있다

프랭클린 루즈벨트(미국 제32대 대통령, '뉴딜정책') 1882년 1월 30일

김구(일제강점기 독립운동가·대한민국 임시정부 주석) 1926년 12월 14일

버락 오바마(미국 제44대 대통령·미국 최초의 흑인 대통령) 1961년 8월 4일

쿠엔틴 타란티노(미국 영화감독, 〈저수지의 개들〉) 1963년 3월 27일

브리오니아는 덩굴식물이다. 덩굴손을 가지고 있으므로 줄기가 약한 것은 분명하지만, 브리오니아는 도리어 공격적인 침략성 식물에 속한다. 브리오니아는 다른 식물이나 울타리, 건물에 올라타서 햇빛이나 빗물까지 차단해버리며, 올라갈 데가 없으면 덩어리로 울창하게 자란다.

브리오니아에 대한 민간 신앙에는 다음과 같은 것이 있다.

"집안의 돈을 늘리고 싶으면 그 돈을 브리오니아 근처에 가져다 두어라. 만약에 갖다 둔 돈을 딴 곳으로 옮겨버리면, 더 이상 돈이 늘어나지 않을 것이다."

브리오니아형 인간은 뿌리를 단단히 땅에 박고 사는 사람들이다. 대담

한 배팅을 시도하거나 단번에 큰 욕심을 부리지는 않지만, 자신의 입지를 확보하기 위한 노력을 멈추지 않는다. 그들은 어떤 경우에도 만족하는 법이 없으며, 목적을 달성하기 위해서라면 어떤 위험도 감수할 자세를 지니고 있다. 큼직한 돈 보따리를 향해서 한 걸음씩 나아가고 싶다면 브리오니아형 인간으로부터 하나에서 열까지 배워야 한다.

자신의 사업에 관해 끊임없이 이야기한다
눈이 튀어나온 느낌이 있다
누군가 곁에 있기를 원한다
뇌가 빙빙 돌고 있다는 망상이 있다

세상의 모든 브리오니아를 위한 금언(金言)
열매를 맺고자 하는가?
하지만 열매는 식물의 것이 아니다.
식물은 열매를 열리게 하지도, 열매를 먹지도 못한다.
열매를 맺도록 몸을 허락할 뿐이다.

까마귀庚와 말午

광석의 정령 까마귀는 은혜와 복수를 반드시 되갚으며
불도저처럼 밀어붙이는 에너자이저이다.
중여름의 에너지를 가지고 있는 말은 양기가 넘쳐서 서서 자며
작은 일에도 즉시 반응하는 하이킥의 왕자다.

사교적이고 두뇌가 총명하며 맺고 끊음이 분명하다.
용감하면서도 경박한 면이 있다.
풍류를 즐기고 술자리에서 끼를 발휘하며 술과 유흥을 즐긴다.
조직생활에 어울리고 일에 집중하며 신임을 받아 높은 자리에 오른다.

당신은 붉은산호와 닮았다

붉은산호

붉은산호(red coral) 지중해붉은산호(mediterranean red coral) 보석산호
(precious coral)
학명 | 코랄리움 루브룸(Corallium rubrum)

붉은산호의 학명은 코랄리움 루브룸이다. 코랄리움은 그리스어 고르게
이아에서 왔는데, 이는 산호를 피로 물들인 메두사가 세 명의 고르곤 가운
데 하나이기 때문이다. 종명인 루브룸은 라틴어로 빨갛다는 뜻이다.

붉은산호는 지중해와 대서양 동부에 서식한다. 각각의 산호는 유전적으

로 동일한 작은 산호폴립들이
뭉쳐서 이루어졌고, 이런 폴립
에는 독침의 촉수가 여러 개 달
려 있다. 산호의 뼈대는 탄산칼
슘으로 이루어졌고, 카로티노이
드 색소로 인해 붉은색을 띤다.

붉은산호는 고대로부터 신화 속에 여러 번 등장한다. 에티오피아 왕의
딸 안드로메다가 바다 괴물에게 잡혀갔을 때, 페르세우스는 메두사의 머리
를 이용해서 괴물을 돌로 만들었다. 붉은산호가 행운을 가져온다고 믿은
바다의 신 포세이돈은 붉은산호로 만든 궁전에서 살았다. 대장장이의 신
헤파이스토스는 붉은산호로 처음 물건을 만들었고, 16세기의 사람들은 붉
은산호의 가지가 폭풍우를 잠재울 수 있다고 믿었다.

당신처럼 경오(庚午)일에 태어난 분들이 있다

데카르트(프랑스 철학자, '나는 생각한다. 그러므로 나는 존재한다') 1596년 3월 31일

가리발디(이탈리아 장군, 이탈리아 통일독립을 주도) 1807년 7월 4일

유치환(시인, 〈뜨거운 노래는 땅에 묻는다〉) 1908년 7월 14일

법정(승려, 〈무소유〉) 1932년 11월 5일

김용옥(철학자, 호는 도올) 1948년 6월 14일

김광석(가수, 〈서른 즈음에〉 〈이등병의 편지〉) 1964년 1월 22일

붉은산호는 메두사의 머리에서 나온 피가 바다 속 해초를 붉게 물들여
서 탄생한 바다의 보석이다. 산호의 붉은색은 바다의 정령들을 환희에 빠
뜨릴 정도로 환상적인 빛깔이었다.

아름다운 소녀였던 메두사는 바다의 신 포세이돈의 총애를 받은 까닭에

아테나 여신의 노여움을 사서 끔찍한 추녀로 변했고, 페르세우스에 의해 목이 잘렸다. 사실인즉슨 메두사는 그리스 선주민족의 신화에서 대지의 여신으로 숭배되었으며, 포세이돈은 그녀의 남편이었다고 한다. 메두사의 비참한 죽음을 달래기 위해서 바다의 신은 그녀를 아름다운 붉은산호로 다시 태어나게 했던 것이다. 천상의 신이 누군가를 아름다운 별로 다시 태어나게 하듯이 말이다.

붉은 산호형 인간은 용서할 수 없는 기억에 붙잡혀 견디기 힘든 다혈질로 치닫는 경향이 있다. 하지만 그것이 전부는 아니다. 그녀는 바다의 신에 의해 위로를 받은 자이기 때문이다. 세상에 새로 태어난 느낌, 주변 환경의 새로움에 탄성을 지르는 싱그러운 아름다움이 그녀를 사랑스러운 존재로 만드는 비결이다.

세상에 새로 태어난 듯하다
머리를 스쳐가는 공기나 바람에 민감하다
고통에 대한 두려움이 있다
매우 다혈질이다
용서할 수 없고, 잊지 못한다

세상의 모든 붉은 산호를 위한 금언(金言)
용광로의 기억이 아직도 그대의 몸을 뜨겁게 한다.
아름다움은 소망하는 자의 쾌락이지만, 소유한 자의 고통이다.

붉은산호

신미
辛
未

꿩辛과 양未

보석의 정령 꿩은 질병과 불의를 보면 반드시 고치려고 하는
정의의 해결사이다.
늦여름의 에너지를 가지고 있는 양은 고산의 바위에서 살며
스스로 고난을 즐기는 외로운 협객이다.

정의감이 있고 자존심이 강하며 강직하고 깔끔하고 섬세하다.
명문과 체통을 중시하고 내성적이면서도 까다롭다.
분석력이 뛰어나고 정확하며 매사에 치밀하다.
승부욕이 강하고 불같은 성격이 있어서 때로는 대인관계에서
갈등이 생긴다.

당신은 큐라레와 닮았다

큐라레

큐라레덩굴(curare vine)

학명/콘드로덴드론 토멘토숨(Chondrodendron tomentosum)

콘드로덴드론 토멘토숨은 큼직한 심장형 잎이 달린 덩굴식물이며, 잎의
앞면은 매끄럽지만 뒷면은 털이 있고 흰색이다. 식물 자체보다는 그 속에
함유된 독인 큐라레로 유명하다. 큐라레는 남미 원주민어로 '새를 죽인다'
는 뜻이다. 원주민들은 알칼로이드 성분이 있는 껍질과 뿌리에서 독을 뽑
아냈다.

큐라레는 독이라기보다는 근육을 이완시켜서 대상을 움직이지 못하게 하는 강력한 마비 성분에 가깝다. 큐라레는 남미 원주민들에 의해 사냥용과 약용으로 오랫동안 쓰였고, 소화기

관에 흡수되지 않으므로 마비효과 없이 해열제나 이뇨제, 이완제로 사용되었다.

큐라레를 화살촉에 발라 표적을 맞추면 혈관으로 들어가 마비를 일으키는데, 뱀독 같은 생물독과 달리 죽은 사냥감의 체조직을 변성시키지 않기 때문에 원주민들은 큐라레로 사냥한 동물의 고기를 문제없이 먹었다.

당신처럼 신미(辛未)일에 태어난 분들이 있다

푸엥카레(프랑스 수학자, 〈과학의 가치〉) 1854년 4월 29일

신채호(일제강점기 사학자, 〈조선상고사〉) 1880년 12월 8일

에르제(벨기에 만화가, 〈땡땡의 모험〉) 1907년 5월 22일

존 F. 케네디(미국 제35대 대통령·최연소 대통령) 1917년 5월 29일

큐라레는 아마존강 유역의 원주민들이 나무껍질과 뿌리에서 추출해 사냥이나 전투를 할 때 사용했던 화살독이다. 사람이 맞으면 심한 통증 없이 호흡마비로 사망해서 '조용한 살인자'라고도 불렸으며, 신대륙을 탐험하는 유럽인들이 가장 두려워하는 독화살이었다고 한다.

사냥과 전투에 사용되는 독화살을 맞으면 엄청난 충격과 공포가 몰려올 것이다. 독화살을 맞는 순간 모든 것이 끝나버리기 때문이다. 하지만 모든 것이 산산조각으로 부서지고 절망의 나락으로 떨어지는 순간, 절망은 물론

이고 통증마저 깨끗이 사라진다. 시작은 고통이되 끝은 해방인 셈이다.

큐라레형 인간은 고통에 대한 감수성이 남다른 사람이다. 달리 보면 고통을 향해 자진해서 걸어가는 사람이다. 어쩌면 그는 고통의 제물이 되는 자신의 처지를 비통해 할지 모른다. 하지만 그는 마침내 고통에 대한 두려움을 넘어설 것이다. 그에게서 두려움의 감정이 사라졌다고 볼 수는 없다. 단지 그는 큐라레에 마비된 사람처럼 용기를 내었을 따름이다. 진정한 용기란 고통에 대한 두려움을 딛고 일어서는 것이기 때문이다.

산산이 부서진 느낌이 들 때가 있다
자신이 특별하다고 생각한다
위엄 있게 보이려고 한다
더 이상 생각하거나, 자유롭게 행동하고 싶지 않다
정신이 둔해지고 마취된 것처럼 느껴진다

세상의 모든 큐라레를 위한 금언(金言)

몸과 마음이 말을 듣지 않는가?
견딜 수 없는 무력감이 몰려오는가?
자신의 임무를 완수하려면 자신을 완벽하게 내려놓아야 한다.

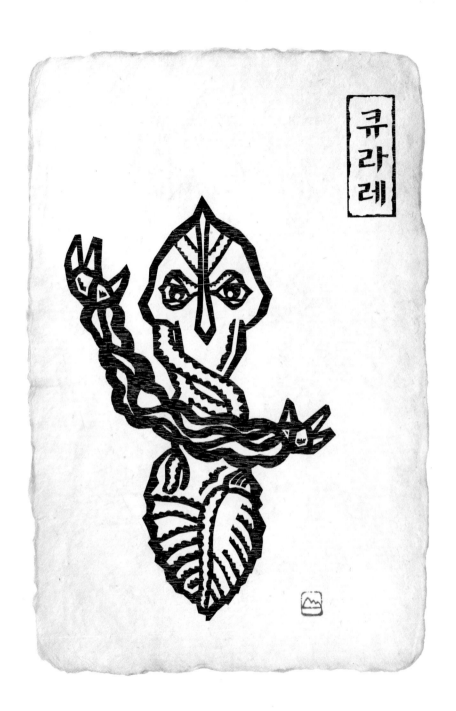

큐라레

임신

壬申

제비壬와 원숭이申

바다의 정령 제비는 바다 건너 강남까지 갔다가 다시 돌아오는 회귀성을 지녀 같은 일을 반복한다.
초가을의 에너지를 가지고 있는 원숭이는 인간보다 한 끗 부족하나 재주와 유머가 있는 여의봉으로 요술을 부린다.

재주가 많고 기억력이 뛰어나며 영감이 발달하고 직관력이 있다.
유머와 재치가 많고 임기응변에 능하나 변덕이 심하다.
생각이 한 방향으로 치우쳐서 편협해질 수 있다.
갓 태어난 아기처럼 보호자의 폭발적인 지원을 받는다.

당신은 대황과 닮았다

대황

대황(rhubarb) 파이식물(pie plant)
학명 | 레움 라바르바룸(Rheum rhabarbarum)

대황의 종명인 라바르바룸은 그리스어로 주변에서 나지 않는다는 뜻인데, 대황이 본래 유럽이 아닌 중국에서 왔기 때문이다. 대황에는 안토시아닌 성분이 많기 때문에 줄기가 붉은색을 띠는 경우가 많다.

이슬람 중세시대에는 실크로드를 따라 유럽으로 수출되었는데, 수입 경로가 길다보니 계피·아편·샤프란 등의 향신료보다 몇 배나 비쌌다.

스페인 출신의 대사였던 곤잘레스가 15세기 초 티무르에게 보낸 보고서에는 '중국의 교역품 중 비단, 사향, 루비, 다이아, 진주, 대황이 으뜸간다'고 쓰여 있는데, 이것만 봐도 당시 대황의 가치를 짐작할 수 있다.

당신처럼 임신(壬申)일에 태어난 분들이 있다

미하일 바쿠닌(러시아 아나키스트 혁명가) 1814년 5월 30일

김옥균(구한말 개화파 정치인, '갑신정변'을 주도) 1851년 2월 23일

안톤 체호프(러시아 극작가, 〈벚꽃동산〉) 1860년 1월 29일

김유정(일제강점기 소설가, 〈동백꽃〉) 1908년 1월 11일

탄허(승려) 1913년 2월 20일

그레고리 펙(미국 배우, 〈로마의 휴일〉) 1916년 4월 5일

　

대황의 속명인 레움은 볼가강의 옛 이름 라(Rha)와 '흐른다'는 의미를 가진 레오(rheo)에서 유래했다. 볼가강의 강둑에서 대황이 자라는 것이 발견되었을 뿐 아니라 대황이 가진 하제 효과 때문에 붙은 이름이다. 중국에서 대황은 수천 년간 의학적 용도로 사용되었는데. 안트라퀴논 성분 때문에 변통 효과가 있어서 변비 등에 하제(下劑)로 사용되었다.

고대 중국 설화에서 신농씨가 약초로 언급했던 대황은 마르코 폴로에 의해 서양으로 전파되었다. 인간이 직면하는 가장 해로운 독이 인간의 대소변이라는 사실을 돌아보면, 강력한 설사약인 대황이 실크로드를 오가는 교역상들에 의해 진기한 교역품으로 다루어진 까닭을 이해할 수 있다.

대황형 인간은 시큼한 냄새를 풍기며 배앓이와 설사를 하는 어린아이처럼 몸 안에 있는 불편한 것들을 내보내는 데 전념하는 사람들이다. 육체와 정신, 개인과 사회를 통틀어 우리 안의 불편한 것들을 말끔히 청소하려는 강력한 의지를 가진 대황형 인간의 맑은 영혼을 떠올리며 진심에서 우러난 박수를 보낸다.

고아가 된 것처럼 관심을 끌기를 원한다
반쯤 깨어 있는 것처럼 밤새 뒤척이면서 잠을 잔다
죽음에 대한 공포가 있다
기름진 음식을 싫어한다

세상의 모든 대황을 위한 금언(金言)
흘러가는 것은 흐르게 하라.
파도가 밀려와 출렁이게 하리니,
출렁이며 머무르는 것이 생명의 본성임을 깨우치리라.

대
황

45

계유

癸
酉

박쥐癸와 닭酉

냇물의 정령 박쥐는 낮과 밤이 바뀌고 천장에 매달려 사물을
거꾸로 보며 새로운 일의 시작을 도모하는 창의성을 지녔다.
중가을의 에너지를 가지고 있는 닭은 온갖 부조리와 악을 파헤치며
먹이를 구하는 강력한 부리를 지녔다.

감수성이 예민하고 내성적이며 직관이 강하다.
뒷바라지를 잘하고 난관도 잘 극복한다.
집념이 있고 야망도 강하다.
감정 기복이 심한 편이라 조울증적 증세를 보일 수 있다.
차분하고 이지적이며 정제된 매력이 있다.
결벽증적인 기질이 있고 예술적인 영감이 발달했다.

당신은 수은과 닮았다

수은

머큐리(mercury) 퀵실버(quicksilver) 액체은(liquid silver)
학명 | 하이드라기룸(Hydrargyrum) (Hg)

　수은은 화학 원소로, 기호 Hg는 라틴어 하이드라기룸의 약자다. 그리
스어로 물을 뜻하는 하이드라(hydra)와 은을 뜻하는 아르지로스(argyros)
가 합쳐져 만들어졌다. 수은은 은색의 액체 중금속이다. 일반 명칭인 머큐
리는 수은이 로마신화의 전령신 머큐리처럼 유동성이 좋다고 해서 붙은 이
름이다.

과거 연금술사들은 수은이
모든 금속을 만들어내는 최초의
물질(first matter)이라고 믿었
고, 수은 속에 포함된 황의 양
을 조절해서 다양한 금속을 만
들 수 있다고 믿었다.

수은은 독성이 강해서 기화하여 체내에 흡수되면 신경계에 마비가 오
므로 매우 위험하다. 수은 화합물의 하나인 질산수은은 모자 가공에 쓰였
는데, 이 과정에서 모자 장인들이 수은에 중독되어 미치광이처럼 되는 경
우가 많았다. 〈이상한 나라의 앨리스〉에 등장하는 미친 모자장수도 여기서
모티브를 가져왔다.

당신처럼 계유(癸酉)일에 태어난 분들이 있다

토머스 제퍼슨(미국 제3대 대통령, '독립선언서' 작성) 1743년 4월 13일

생텍쥐페리(프랑스 소설가, 〈어린 왕자〉) 1900년 6월 29일

프란치스코 교황(아르헨티나 태생, 제266대 교황) 1936년 12월 17일

리처드 도킨스(영국 진화생물학자, 〈만들어진 신〉) 1941년 3월 26일

정명훈(지휘자, 피아니스트) 1953년 1월 22일

중국을 통일한 진시황은 불로장생약으로 알려진 수은을 먹고 도리어 명
을 재촉했지만, 그의 무덤에는 수은으로 된 강이 흘렀다고 한다. 수은의 원
석인 주사(朱砂)는 금을 만들기 위한 연금술의 재료로 쓰였으며, 벽사치병
(辟邪治病)의 부적을 쓰는 데 사용되었다.

죽음을 불러오는 독극물을 죽음을 물리치는 비방으로 사용한 놀라운
역설을 이해하기 위해서는 독으로 독을 다스리는 원리를 알아야 한다. 천

하를 얻은 자는 큰 위험을 무릅쓴 자일 것이다. 진시황은 이독제독(以毒制毒)의 원리를 누구보다 잘 안다고 자신했고, 그래서 도사의 말에 따랐을 것이다.

진시황이 수은 중독으로 단명에 이른 것은 그가 천하의 독은 극복했을지언정 마음의 독은 극복하지 못했기 때문이다. 수은형 인간이 터득해야 할 인생의 비방은 마음의 독을 극복하기 위해서는 그것을 적(敵)으로 다루어서는 안 된다는 것이다. 마음의 독은 오직 적을 동지로 바꾸는 새로운 전략을 통해서만 극복할 수 있다. 이것이 바로 진정한 이독제독의 비방이다.

> 어떤 반박이나 모욕도 견딜 수 없다
> 내성적이다
> 모든 사람들이 나의 적이다
> 강렬한 감정을 가지고 있다
> 혁명가의 기질이 있다

세상의 모든 수은을 위한 금언(金言)

마음의 독을 다스리려면 그곳에 살고 있는 당신의 적을 친구로 바꾸어야 한다.

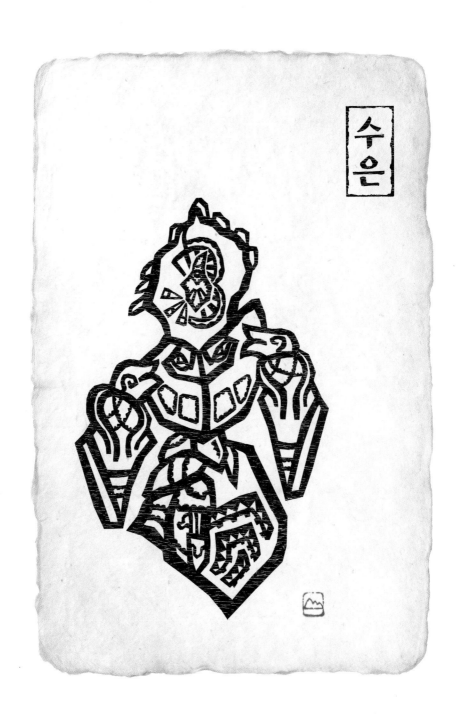

수은

49

갑술 甲戌

여우甲와 개戌

숲의 정령 여우는 높은 언덕에서 살며 호랑이가 없는 산중을
잔꾀로 지배한다.
늦가을의 에너지를 가지고 있는 개는 낮보다 밤을 즐기며 주인에
대한 충성심이 강한 호위무사이다.

머리 회전이 빠르고 선견지명이 있다.
인내력이 있고 남의 지시를 싫어한다.
사람 사귀기를 좋아하며 조직의 우두머리가 되고자 한다.
자유분방하고 외향적이며 사교성이 좋고 붙임성이 있다.
소유욕이 강하고 사업가적 기질이 있다.
다소 능글맞으며 자신이 최고라는 심리가 깔려 있다.

당신은 교황십자가거미와 닮았다

교황십자가거미

교황십자가거미(papal cross spider) 유럽큰거미(european giant spider)
십자가거미(cross spider) 왕관무당거미(crowned orb weaver) 호박거미
(pumpkin spider)
학명 | 아라니아 디아데마(Aranea diadema)

교황십자가거미의 학명은 아라니아 디아데마인데, 아라니아는 거미를
뜻하고 디아데마는 왕관을 뜻한다. 이 거미의 등에 난 무늬가 왕관을 닮았
기 때문이다.

교황십가가거미는 주로 북미와 유럽에 서식하는데, 등 부분의 얼룩덜룩한 흰무늬가 십자가 모양을 이루고 몸에 털이 많으며 다리에 줄무늬가 있고 다리 위에 가시가 나 있다. 등 부분의
하얀 십자가 모양은 거미의 체세포에 구아닌 성분이 쌓여서 형성된 것으로, 이 성분이 많으면 고양이의 눈처럼 밤에도 빛이 난다.

교황십자가거미는 주로 나비·말벌·파리 같은 곤충들을 잡아먹는다. 독이 있지만 작은 먹이를 죽일 정도에 불과해서 인간에게는 해가 되지 않는다. 내향적이라 먼저 사람을 물지도 않으며, 위협받았다고 느끼면 거미줄 위에서 통통 튀면서 침입자에게 경고를 주는 것으로 그친다.

당신처럼 갑술(甲戌)일에 태어난 분들이 있다

우치무라 간조(일본 사상가, 무교회주의 기독교를 창시) 1861년 3월 26일

전형필(문화재 수집가, '간송미술관' 설립) 1906년 7월 29일

피델 카스트로(쿠바 혁명 지도자) 1926년 8월 13일

프란시스 포드 코폴라(미국 영화감독, 〈대부〉) 1939년 4월 7일

팀 버튼(미국 영화감독, 〈가위손〉) 1958년 8월 25일

정원 어딘가에서 거미줄을 발견하면, 거미줄을 친 거미를 찾기 위해 주변을 살핀다. 다시 거미를 발견하면, 거대하고 정교한 거미줄과 작고 흉측한 거미를 번갈아 살피게 된다. 다시 허공에 매달려 거미줄을 치고 있는 거미에 눈이 가면, 가느다란 실 같은 거미줄을 다루는 거미의 솜씨에 감탄하게 된다.

그리스신화에는 베 짜는 여인 아라크네와 직물의 여신 아테나의 대결이 등장한다. 아라크네는 베 짜는 기술의 대결에서는 승리를 거두지만, 여신을 능멸한 죄로 거미로 변하는 형벌을 받는다. 이 신화는 두 가지 측면에서 해석되는데, 한편으로는 신들조차 경탄할 만한 실력을 인정받은 것이며 다른 편으로는 그 실력을 자신의 것으로 돌리는 태도가 단죄된 것이다.

교황십자가거미형 인간은 자신이 이루어낸 성과와 그 성과에 못 미치는 자신의 존재감 사이에서 갈등하는 자들이다. 성과도 자신에 속한 것이니 겸손한 태도로 물러나 있으면 좋으련만, 그들은 그렇게 하지 못한다. 자신의 성과만큼 인정받지 못하면 무시당한다고 느끼기 때문이다. 교황십자가거미에게 이런 말을 건네 본다. "아름다운 거미줄 어딘가에 네가 있다는 걸 느끼고 있어. 거미 없는 빈 거미줄은 어딘가 허전하다는 걸 전부터 알고 있었거든."

매력적으로 보이고 싶은 욕구가 있다
잠시도 가만히 있지 못하고, 끊임없이 움직인다
혼란스러운, 낙심하는, 죽고 싶은
인정받지 못한다는 느낌이 있다
교묘한, 텃세를 부리는, 성공적인 생존자

세상의 모든 교황십자가거미를 위한 금언(金言)
거미줄 위를 걷는 거미의 시간은
레드카펫을 밟는 톱스타의 시간과도 같다.

乙
亥

담비乙와 돼지亥

새싹의 정령 담비는 작고 예쁘지만 뭉쳤을 때는 호랑이도 잡는
담력이 있다.
초겨울의 에너지를 가지고 있는 돼지는 모든 생명의 유전자를
저장할 정도로 욕심이 많으며 만물의 형벌과 독을 해독시키는 능력을
가지고 있다.

영리하고 창의력이 풍부하며 인정이 많다.
시작은 잘하나 현실성이 약하고 마무리가 부족하다.
은근과 끈기로 일을 처리하는 지도자 스타일.
부드러운 인상과 다정다감한 성품을 가졌다.
비밀이 많고 우유부단한 기질이 있지만 근본적인 심지는 곧은 편이다.

당신은 금강앵무와 닮았다

금강앵무

주홍마코앵무(scarlet macaw)

학명 | 아라 마카오(Ara macao)

금강앵무의 학명은 아라 마카오로, 마카오는 앵무새들이 먹는 야자나무
열매를 뜻하는 브라질의 투피어 마카부아나에서 따왔다. 주로 남미 중북부
에 서식하며, 날개를 펼치면 최대 1미터까지 커진다. 깃털은 주홍색에 가깝
지만 꼬리부분은 연청색이며, 날개 위쪽은 노란색이다.

금강앵무는 일부일처이며, 처음 선택한 짝이 평생의 짝이다. 짝을 이루

면 매우 다정하게 서로 쓰다듬고 얼굴을 핥아 주고 날개 끝을 맞닿아 날아다닌다. 암컷이 알을 품은 동안에는 먹이를 찾으러 나갈 때를 제외하고는 거의 떨어지지 않는다. 한 쌍의 앵무새는 나무 구멍에 둥지를 틀고 2년 동안 계절마다 한 마리에서 네 마리의 새끼를 낳아 키운다.

금강앵무는 머리가 아주 좋다. 색깔과 모양을 구분하는 분별력을 가지고 있고, 훈련하면 기초수학 문제도 풀 수 있다. 지능지수는 4~8세의 유아 수준이고 감정지수도 유아 수준이라, 기분이 안 좋으면 성질을 내기도 한다.

당신처럼 을해(乙亥)일에 태어난 분들이 있다

입센(노르웨이 극작가, 〈인형의 집〉) 1828년 3월 20일

파블로프(러시아 생리학자, '파블로프의 개') 1849년 9월 26일

존 웨인(미국 배우, 〈역마차〉) 1907년 3월 26일

파울로 코엘료(브라질 소설가, 〈연금술사〉) 1947년 8월 24일

호날두(포르투갈 축구선수, '유벤투스'의 공격수) 1985년 2월 5일

마야 문명 시기 극심한 역병이 돌면, 신전에서 태양신을 향한 희생 제의(祭儀)가 거행되었다. 태양이 중천에 뜨는 바로 그때 빛나는 깃털을 가진 새가 하늘에서 내려와 모두가 보는 앞에서 제물을 먹었다. 이 새가 바로 금강앵무다.

금강앵무의 깃털은 값진 것이었고, 구하기가 힘들었다. 빨강·파랑·노랑이 섞인 깃털은 특히 인기가 많았다. 금강앵무를 태양신의 화신으로 믿는

55

까닭은 금강앵무의 목소리 때문이 아니라 찬란한 원색의 깃털 때문이다.

금강앵무에 대한 공통된 신앙은 불타는 가뭄에 비를 불러온다는 것이었다. 금강앵무형 인간은 집단의 염원을 받아들여 그것을 집단의 목소리로 표현해내야 하는 사명의식을 가진 사람이다. 금강앵무형 인간의 사명의식은 집단의 염원을 또렷한 말소리로 표현해야 한다는 강박관념으로 발전한다. 시간이 지날수록 말은 겉돌고, 피로는 짙어진다.

금강앵무는 철저한 일부일처를 고수하며, 배우자와의 일체감도 남다르다. 금강앵무형 인간은 사회에서나 가정에서나 헌신과 사랑으로 일관된 삶을 사는 사람이다. 불타는 가뭄에 태양신이 비를 내려주려면, 금강앵무의 깃털은 희생 제의에 바쳐지고 쏟아져 내리는 단비에 젖게 될 것이다.

사람들과 대화하는 것을 좋아한다
집단에게 사랑받는다
있는 그대로를 받아들인다
현명한 노인
상상력이 풍부하다
긴장을 풀 수 없다

세상의 모든 금강앵무를 위한 금언(金言)
사랑한다면 늦기 전에 사랑을 말해야 한다.
하지만 사랑을 말하는 순간, 사랑은 자취를 감춘다.

금강앵무

사슴丙과 쥐子

태양의 정령 사슴은 스스로 왕을 자처하며 곤룡포를 입고 있다.
중겨울의 에너지를 가지고 있는 쥐는 들락날락 반복을 잘하며 꾀가
능하고 환락을 즐기는 밤의 황제이다.

丙
子

총명하고 인자하며 맑고 고결하다.
자존심이 강하고 고집이 세며 성격이 급하고 말이 앞선다.
정열적이면서도 맺고 끊는 맛이 있다.
적당히 외향적인 성격에 예의가 있어서 단체생활을 잘 한다.
가끔씩 돋보이고 싶은 심리가 있어서 분위기를 주도한다.
행동에 절제력이 있어서 이익보다 명예를 중시한다.

당신은 무당벌레와 닮았다

무당벌레

칠성무당벌레(seven-spot ladybug) 레이디버그(ladybug) 레이디버드
(ladybird)
학명/코키넬라 셉템펑타타(Coccinella septempunctata)

무당벌레는 서양에서 레이디버그라고 불리는데, 이는 기독교의 성모 마
리아가 초기 초상화에서 붉은 점박이 외투를 입은 것으로 그려져서 붙은
이름이다. 칠성무당벌레의 종명은 셉템펑타타인데, 라틴어로 셉템은 일곱
을 뜻하고 펑타타는 점을 뜻한다. 눈에 잘 띄는 점(點)과 화려한 색깔을 하

고 있으며, 공격을 받으면 죽은
체하거나 다리 관절에서 고약한
냄새가 나는 액체를 분비한다.

　무당벌레들은 진딧물이 모
여 있는 잎사귀 아래쪽에 노란
색을 띠는 알을 한 줄이나 덩어
리로 낳는다. 유충은 몸이 길고, 검은색 배경에 노란색 점을 가진다. 유충
과 성충 모두 진딧물을 잡아먹는데, 자기 체중보다 많이 먹는다.

　특이하게도 양(陽)의 지향성을 가지고 있어서 위로 올라가는 것을 좋아
하고, 가장 높은 곳까지 올라가면 날아간다. 나뭇가지의 등에 놓고 무당벌
레가 끝까지 올라왔을 때 가지를 뒤집으면, 무당벌레는 다시 위쪽으로 올
라간다.

당신처럼 병자(丙子)일에 태어난 분들이 있다

알프레드 노벨(스웨덴 과학자, 다이너마이트 발명, '노벨상' 제정) 1833년 10월 21일

슈바이처(독일 출신 의사, '밀림의 성자') 1875년 1월 14일

헤르만 헤세(독일계 스위스 문학가, 〈데미안〉) 1877년 7월 2일

레이첼 카슨(미국 해양생물학자, 〈침묵의 봄〉) 1907년 5월 27일

요한 바오로 2세(폴란드 태생 교황) 1920년 5월 18일

신해철(음악가, 그룹 '넥스트') 1968년 5월 6일

　무당벌레는 수많은 별명을 가지고 있는데, 성모 마리아와 관련된 것이
많다. 가장 널리 알려진 것이 레이디버그인데, 겉날개의 붉은 색은 성모 마
리아의 망토를 상징하고 일곱 개의 검은 점은 그녀의 일곱 가지 기쁨과 일
곱 가지 슬픔을 나타낸다.

세계 각국의 민간 신앙에서 무당벌레는 행운의 징조로 여겨졌다. 봄에 무당벌레가 많으면 그해 농사가 잘 될 것이고, 무당벌레가 손에 앉은 처녀는 결혼하게 될 것이며, 무당벌레가 손에 앉았을 때 소원을 빌고 그것이 날아가면 날아간 방향에서 소원이 이루어질 거라고 믿었다.

성모 마리아처럼 밝은 기쁨 위에 어두운 슬픔을 머금은 무당벌레는 높은 곳으로 올라가다가 불현듯 날아올라 자취를 감추는 모습을 통해, 온갖 불행을 한 몸에 지고 소멸시키는 성스러운 느낌을 선물한다. 무당벌레형 인간은 세상만사의 고통을 말없이 지고 있다가 어느 날 조용히 저세상으로 사라지는 지혜로운 노인과도 같다. 그들의 자비심에 경의를 표한다.

죽음에 대한 극심한 공포가 있다
노인이라는 생각이 든다
숨이 가쁜 다혈질의 성격이 있다
오래 지속되는 통증으로 쇠약해졌다
뇌가 커지고 팽창한 것 같다

세상의 모든 무당벌레를 위한 금언(金言)
슬픔을 가까이하면 인생과 친해지며,
슬픔을 멀리하면 인생과도 멀어진다.

무당벌레

노루丁와 소丑

달의 정령 노루는 가까이 가면 멀어지는 안개속의 신비를 지녔다.
늦겨울의 에너지를 가지고 있는 소는 생각이 깊고 오랫동안
되새김질을 하며 앞을 향해 묵묵히 걷는 침묵의 수행자이지만
욱하면 뿔로 받는 성질이 있다.

마음이 넓고 지혜가 뛰어나며 언변이 좋고 자기주장이 강하다.
밝고 명랑하지만 고독을 즐기며 갈등과 번뇌를 만든다.
예술적인 감각이 탁월하고 아이디어와 기획력이 좋다.
욱하는 기질 때문에 주변과 멀어지는 경향도 있다.

당신은 광대버섯과 닮았다

광대버섯

파리버섯(fly agaric)
학명 | 아마니타 무스카리아(Amanita muscaria)

광대버섯은 파리버섯, 토드스툴로도 불리는 독버섯이다. 광대버섯의 학
명은 아마니타 무스카리아로 무스카는 파리를 의미한다. 광대버섯은 갓 부
분이 빨강색인데, 나이를 먹을수록 주황빛으로 퇴색한다. 버섯의 갓 위에
는 군데군데 흰색 점이 덮여 있고 나이를 먹으면 노란빛으로 퇴색한다.
광대버섯에는 신경독이 있어서 섭취 후 삼십 분에서 두 시간 사이에 환

청·환각·환시가 일어난다. 물
체가 커 보이고 색상이 다르게
보이며, 마비증상이 오고 구토
가 일어나는 등 활동이 어려워
지면서 잠에 빠진다.

인도신화가 기록된 베다 경
전에는 '신들의 음료인 소마를 마시면 환각을 경험할 수 있다'고 쓰여 있는
데, 학자들은 광대버섯이 소마일 것으로 추정한다. 스웨덴 지역의 '하늘을
나는 순록 이야기' 역시 광대버섯의 환각과 연관되어 있음을 짐작할 수 있
다. 빨간 바탕에 하얀 점이 찍힌 광대버섯이 빨갛고 하얀 옷을 입은 산타
클로스와 썰매를 끄는 빨간 코 사슴과 관련된 것은 널리 알려진 이야기다.
〈이상한 나라의 앨리스〉에서 버섯을 먹고 몸이 커지는 장면도 광대버섯의
환각 효과에서 모티브를 따온 것이다.

당신처럼 정축(丁丑)일에 태어난 분들이 있다

에디슨(미국 발명가, 축음기 발명) 1847년 2월 11일

최남선(일제강점기 시인, 〈해에게서 소년에게〉) 1890년 4월 26일

프랭크 시나트라(미국 가수, 〈My Way〉) 1915년 12월 12일

미셸 푸코(프랑스 철학자, 〈광기의 역사〉) 1926년 10월 15일

톰 행크스(미국 배우, 〈포레스트 검프〉) 1956년 7월 9일

바이킹이나 징기스칸 같은 전사들이 두려움 없는 전투를 하기 위해 광
대버섯을 먹었다는 이야기는 광대버섯의 다른 성격을 알려주는 흥미로운
일화이다.

광대버섯에는 미신이나 종교처럼 초자연적인 의식에 사로잡힌 느낌이

있으며, 위의 예에서 보이는 조증은 뒤따르는 울증을 수반하게 마련이다. 이것은 빛과 어둠, 흥분과 공포, 부활과 죽음의 양극단을 오가는 정신의 동요를 불러오며, 이 같은 동요는 현실의 위력 앞에서 위축된 상상력을 무한대로 확장한다.

광대버섯형 인간은 남의 일에 간섭하기를 좋아하는 동화 속 고블린처럼 눈에 거슬리는 존재가 될 수도 있다. 하지만 태생적인 선량함과 다정함을 지니고 있으므로, 특유의 개성을 멋지게 발휘할 수 있다면 새로운 삶의 지평을 열어젖힐 가능성도 있다. 신들의 음료인 소마를 마시고 신화 속 이야기를 읊조린 고대의 음유시인처럼 말이다.

'기이한' 주제들에 대단한 관심이 있다
알코올 중독이 있는 조울증
사소한 문제들이 과장된다
누구라도 이길 것 같은 느낌이 있다
너무 관심이 많았다가, 갑자기 흥미를 잃는다

세상의 모든 광대버섯을 위한 금언(金言)
어둠 속에서 불을 밝히면 모르는 세상이 보여요.
모르는 친구의 손을 잡고 상상의 세계로 날아가요.

광대버섯

무인

戊
寅

표범戊과 호랑이寅

산의 정령 표범은 평상시에는 고양이처럼 순하다가도
순간적으로 돌변하는 정력가이다.
초봄의 에너지를 가지고 있는 호랑이는 빠르고 힘찬 지상 최고의
권력자이다.

영리하고 신의를 중시하며 결단력이 있고 자존심이 강하다.
불같은 성격에 고집이 세고 인간미가 부족하며 권위적이다.
자신에 대한 기대감이 높아서 남들 앞에서 능동적인 태도를 보인다.
남을 의식하는 심리가 강한 반면 내면의 실속은 부족하다.
남에게 지기 싫어하고 약점을 보이기 싫어해서 스트레스가
많은 편이다.

당신은 모르핀과 닮았다

모르핀

미스엠마(miss emma) 미스터블루(mister blue) 꿈꾸는자(dreamer) 모르
포(morpho) 신의약(god's drug)
학명 | 모르핀(Morphine)

　모르핀은 독일의 약학자가 아편에서 분리한 성분이다. 천연물질 중에서
는 진통 능력이 매우 강하고, 부작용도 적은 편이다. 역사적으로는 비잔틴
시대의 연금술사들이 아편으로 영약을 만든 것으로 알려졌으나, 실제 제조
서는 오스만 제국의 콘스탄티노플 침공 때 소실되었다고 한다.

모르핀 자체에 독성은 없지만, 모든 육체적 고통에서 벗어날 수 있을 만큼 진통 효과가 좋아서 정신적으로 의존하게 될 위험성이 크다. 스위스의 본초 학자 파라켈수스도 아편 영약에  대해 언급하면서, 쓸모가 많은 진통제이지만 조금씩 써야 한다고 말했다.

제2차 세계대전에 전기 작가로 참전한 윌리엄 맨체스터는 전쟁 중에 맞은 모르핀의 느낌을 잊을 수 없다고 말했고, 드라큘라 연기자인 벨라 루고시도 제1차 세계대전 때의 부상 때문에 맞은 모르핀으로 중독에 빠졌다.

당신처럼 무인(戊寅)일에 태어난 분들이 있다

오다 노부나가(일본 무장, 전국시대 통일의 기반을 닦음) 1534년 6월 23일

비스마르크(프로이센 정치가, 독일 통일을 완성한 '철혈재상') 1815년 4월 1일

사이고 다카모리(일본 무사, 메이지유신을 성공으로 이끈 유신 3걸의 하나) 1828년 1월 23일

타카하타 이사오(일본 애니메이션 감독, 〈반딧불이의 묘〉) 1935년 10월 29일

조지 루카스(미국 영화제작자, 〈스타워즈〉) 1944년 5월 14일

우피 골드버그(미국 배우, 〈사랑과 영혼〉) 1955년 11월 13일

마이클 잭슨(미국 가수, '팝의 황제') 1958년 8월 29일

그리스신화에 나오는 잠의 신 힙노스의 아들이 꿈의 신 모르페우스이다. 힙노스의 손에는 양귀비꽃이 들려 있는데, 양귀비 씨앗에서 나오는 유액을 말린 것이 아편이고 아편 속에는 모르핀을 비롯한 천연 마약이 포함되어 있다. 수면과 진통 효과를 발휘하는 모르핀은 꿈의 신 모르페우스에서 유래한 말이다.

모르핀형 인간은 번개가 치듯이 극심한 통증과 미칠 듯한 흥분을 잠재우는 비법을 아는 자들이다. 달리 말하면 그들은 통증과 흥분 같은 감정의 과잉에 대한 깊은 이해를 가진 사람들이다. 모르핀형 인간의 과제는 격정적이며 에너지 넘치는 자신의 기질을 다스리면서, 다른 사람들과 그들이 모여 사는 공동체의 그런 경향을 다스리는 것이다.

모르핀의 진통 효과는 깊은 잠으로 이어지며, 어두운 잠의 통로를 지나 밝은 빛이 쏟아지는 꿈의 맨홀로 나가게 된다. 꿈은 진정한 자기를 찾아가는 먼 여행이므로, 모르핀형 인간의 생애는 자기 해체의 위험을 딛고 일어나서 자신에 대한 완벽한 통제에 도달하는 것이다.

정신적인 명민함과 심오한 생각들이 있다
기분 변화가 심하다
흥분을 잘한다
갑작스러운 통증과 공포가 있다
반박을 참지 못한다
천둥치기 전과 천둥치는 동안 몸이 떨린다

세상의 모든 모르핀을 위한 금언(金言)

화를 다스리지 못하면 아무것도 이루지 못하니,
불꽃처럼 일어나는 화를 한줌의 재로 잠재우시게.

모르핀

꽃게己와 토끼卯

**들의 정령 꽃게는 두 눈을 안테나처럼 높여 좌우를 살피며
옆으로 기는 첩보원의 기질을 가지고 있다.
중봄의 에너지를 가지고 있는 토끼는 귀엽고 섹시하며 멋을 부린다.**

己
卯

인정이 많고 두뇌가 명석하며 문장에 소질이 있다.
까다롭고 보수적이며 내성적이고 성격이 조급하다.
수동적인 동시에 권위적인 성향이 있다.
인정이 많고 감성이 예민하며 생각이 많아 갈팡질팡한다.
주도적으로 무엇을 추진하기보다 대세를 따른다.

당신은 꿀벌과 닮았다

꿀벌

서양꿀벌(western honey bee) 유럽꿀벌(european honey bee)
학명 | 아피스 멜리페라(Apis mellifera)

꿀벌의 학명은 아피스 멜리페라인데, 아피스는 라틴어로 벌을 의미하고
멜라페라의 멜리는 꿀을 의미한다. 시베리아를 제외한 전 세계에 서식하는
꿀벌은 양봉과 꽃가루 매개곤충으로 유명하다. 꿀벌에는 여왕벌, 수벌, 일
벌의 세 종류가 있다.
꿀벌은 꽃에서 나오는 꽃가루와 꿀을 먹는다. 꽃가루에는 당분·탄수화

물·단백질·비타민 등 다양한 성분이 있어 벌들이 먹고 성장한다. 꿀을 모아 벌꿀을 만들면 유충들이 먹고 자란다. 꿀벌이 독침을 쏠 때는 아피톡신이라는 독을 주입한다. 아피톡신은 주

로 단백질로 구성되는데, 여기에 쏘이면 몸에서 염증 등의 면역 반응이 일어난다.

꿀벌은 영장류를 제외한 지구상의 동물 중에서 가장 복잡한 언어 체계를 가지고 있다. 일벌은 살면서 다양한 역할을 수행해야 하기 때문에, 원형춤이나 8자비행을 하면서 바디랭귀지로 거리를 알려준다.

당신처럼 기묘(己卯)일에 태어난 분들이 있다

쇼펜하우어(독일 염세주의 철학자, 〈의지와 표상으로서의 세계〉) 1788년 2월 22일

유리 가가린(소련 우주비행사, 최초로 우주비행에 성공) 1934년 3월 9일

잭 니콜슨(미국 배우, 〈배트맨〉) 1937년 4월 22일

케빈 코스트너(미국 배우, 〈늑대와 춤을〉) 1955년 1월 18일

브루스 윌리스(미국 배우, 〈다이 하드〉) 1955년 3월 19일

주윤발(홍콩 배우, 〈영웅본색〉) 1955년 5월 18일

꿀벌은 항상 움직인다. 꿀벌은 걸어야 하고 달려야 한다는 생각에 사로잡혀 있을 뿐 아니라, 장기 여행을 하며 날아다니는 꿈을 꿀지도 모른다. 이집트인은 꿀벌이 태양신의 눈물에서 떨어져 땅으로 내려온 신의 전령이라고 믿었으며, 고대 인류가 벌꿀을 장례 행사에 사용한 것은 꿀벌의 지혜를 빌려 죽은 자가 마땅히 가야 할 곳을 찾아가기를 바라는 염원 때문

이었다.

꿀벌형 인간은 맹목적인 동시에 진지한 사명감을 지닌 자들이다. 그들은 항상 긴장한 태도로 자신이 속한 집단을 지키려고 한다. 꿀벌형 인간이 사수하는 영역은 주거나 식량 같은 본능의 영역이지만, 이것은 그들에게 본능의 영역을 넘어선 신성한 차원에 속한다.

벌에 쏘였을 때 눈에 띄는 특징은 부풀어 커진 상태가 되는 것이다. 이것은 신장에 이상이 있어서 생긴 부종과 비슷하며, 쏟아야 할 눈물을 쏟아내지 못해서 생긴 증상과도 흡사하다. 꿀벌형 인간에게는 감정이 북받쳐 눈물을 머금은 순간이 찾아온다. 그 순간에 우리는 달콤한 것의 뒤편에 가려진 씁쓸한 것에 대하여, 그들의 노고에 대하여 경의를 표해야 할 것이다.

바쁘고 일 중심적이며, 조직적인 사람이다
부풀은, 커진 듯한 느낌이 든다
가족이 위험에 처하거나 방해받았을 때 공격적이 된다
걱정과 고생으로 가득 찬 꿈을 꾼다
바늘로 찌르는 듯한 통증을 느낄 때가 있다

세상의 모든 꿀벌을 위한 금언(金言)

달콤한 꿀은 꿀벌의 것이 아니다.
하지만 꿀벌이 없다면 꽃들은 열매 맺지 못하며,
열매가 없다면 세상은 종말을 고할 것이다.

꿀벌

까마귀庚와 용辰

광석의 정령 까마귀는 은혜와 복수를 반드시 되갚으며 불도저처럼 밀어붙이는 에너자이저이다.
늦봄의 에너지를 가지고 있는 용은 적군과 아군을 구분하여 적을 단숨에 섬멸하는 냉정한 절대자이다.

庚
辰

의협심과 정의감이 있으며 시비를 분명히 한다.
통솔력이 있고 우두머리 기질이 있다.
매사에 끈기와 고집은 있으나 지구력이 부족하다.
바위 같은 우직함이 있고 자기주장이 강하다.
호불호가 분명하며 흑백논리에 익숙하다.
꿈과 이상이 높고 승부욕이 강하며 모험을 즐긴다.

당신은 스트론튬과 닮았다

스트론튬

학명 | 스트론튬(Strontium) (Sr)

스트론튬이라는 명칭은 스트론튬이 처음 발견된 스코틀랜드의 마을 스트론티안에서 따왔다. 스트론튬은 은백색의 무른 알칼리 토금속인데, 같은 족 원소인 칼슘·바륨과 물리적 화학적 성질이 비슷하다. 천청석이나 스트론티아나이트가 주된 스트론튬 광물이다.

산업적으로 용도가 다양해서, 19세기에는 수산화스트론튬을 이용하여 사탕무에서 설탕을 생산하는 과정에 대량으로 사용되었다. 연소하면서 붉은 빛을 내므로 불꽃놀이 폭죽 제조에도 사용되고 섬광탄 제조에도 쓰인다. 근래에는 컬러텔레비전의 모니터 유리에 첨가되어 엑스선 방출을 막는 데 사용된다.

　스트론튬은 물이나 산소와 강하게 반응하므로 등유나 석유에서 얻은 미네랄 오일에 담가 보관해야 한다. 스트론튬은 공기에 노출되면 산소와 빠르게 반응하여 밝은 노란색의 산화물을 형성하며 광택을 잃는다.

당신처럼 경진(庚辰)일에 태어난 분들이 있다

이순신(조선시대 명장, 임진왜란 당시 '삼도수군통제사') 1545년 4월 28일

모리스 르블랑(프랑스 추리소설가, 〈괴도 루팡〉) 1864년 11월 11일

F. 스콧 피츠제럴드(미국 소설가, 〈위대한 개츠비〉) 1896년 9월 24일

새뮤얼 잭슨(미국 배우, 〈펄프 픽션〉) 1948년 12월 12일

　스트론튬형 인간은 자신이 고유한 존재인지, 자신이 고유한 무엇을 가지고 있는지에 대하여 진지한 고민을 한다. 스트론튬형 인간은 예술과 종교에 대한 남다른 취향을 가지고 있다. 그들은 오직 자신의 창의성에 초점을 맞추며, 다른 이들의 비판에 극도로 민감하다.

　스트론튬형 인간은 때를 만나면 격정적인 예술가의 자질을 발휘할 자질을 갖추고 있지만, 평소에는 자신의 격정에 대한 두려움을 가지고 있어서 냉정한 비평가의 태도를 취한다. 스트론튬형 인간인 그대가 불꽃놀이의 폭죽처럼 자신을 마음껏 연소시키는 멋진 기회를 만나기를 진심으로 바란다.

자신의 창의력에 대한 확신이 없다

다른 사람들이 나를 업신여긴다고 느낀다

어떻게 하면 관심, 비판, 책임감에서 벗어날 수 있을까?

영적인 측면에서 나만의 고유한 무엇을 가지고 있는가?

자신이 신데렐라처럼 귀하고 아름답다는 것을 알고 있다

세상의 모든 스트론튬을 위한 금언(金言)

당신의 빛나는 인생을 가로막는 것은 당신 자신의 두려움이다.
두려움을 내려놓고 아름다운 불꽃으로 변신하라.

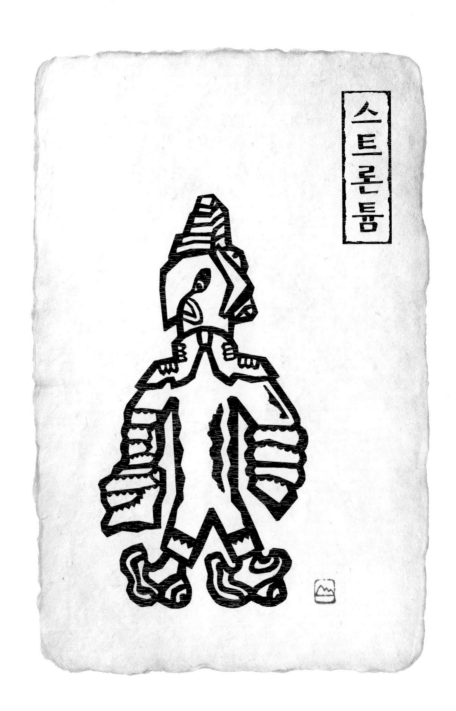

신사 辛巳

꿩(辛)과 뱀(巳)

보석의 정령 꿩은 질병과 불의를 보면 반드시 고치려고 하는
정의의 해결사이다.
초여름의 에너지를 가지고 있는 뱀은 강력한 독이빨과 다리 없이도
달릴 수 있는 용의 기상을 가진 살벌한 권력자이다.

지혜롭고 총명하며 깔끔하고 정확하다.
불의를 보면 참지 못한다.
판단력이 빠르고 자존심이 강하나 온정이 있고 여리며 감성적이다.
명예를 중시하지만 스스로 드러내려고 하지는 않는다.
재치가 있고 두뇌회전이 빠르지만 냉정한 면이 있어서 대인관계에
굴곡이 있다.

당신은 타란튤라와 닮았다

타란튤라

타란튤라늑대거미(tarantula wolf spider) 스페인타란튤라(spanish
tarantula)
학명 | 라이코사 타란튤라(Lycosa tarantula)

타란튤라늑대거미는 이탈리아 남부 도시 타란토에서 많이 발견된다. 무
늬와 점이 많으며, 복부가 털로 덮인 게 특징이다. 눈이 8개인데, 중간에
크게 2개가 있고 앞뒤로 작은 눈들이 6개 있다.
　주로 곤충들을 잡아먹는데, 굴을 파놓고 먹이가 지나가면 덮친다. 작은

포유류까지 죽일 수 있는 독이 있지만, 웬만큼 위협받지 않으면 물지 않는다.

소설 〈해리포터〉에 인간의 말을 할 줄 아는 거대 식인거미 아라고그가 등장하는데, 작중에서 이를 애크로맨튤라 거미라고 말하고 있다. 여기서 애크로는 높은 지역을 뜻하고, 맨튤라는 타란튤라에서 가져온 단어이다.

당신처럼 신사(辛巳)일에 태어난 분들이 있다

쇼팽(폴란드 낭만주의 작곡가, 〈환상즉흥곡〉) 1810년 3월 1일

프란츠 리스트(헝가리 피아니스트, 낭만주의 작곡가, 〈헝가리 광시곡〉) 1811년 10월 22일

하인리히 헤르츠(독일 물리학자, '전자기파' 발견) 1857년 2월 22일

존 스타인벡(미국 소설가, 〈분노의 포도〉) 1902년 2월 27일

로저 무어(영국 배우, 〈제임스 본드〉 시리즈) 1927년 10월 14일

클린트 이스트우드(미국 배우, 〈석양의 무법자〉) 1930년 5월 31일

안젤리나 졸리(미국 배우, 〈툼 레이더〉) 1975년 6월 4일

타란튤라에 대한 전설은 이탈리아의 타란토 지역에서 생겨났는데, 이 거미에 물리면 타란튤리즘이라고 불리는 무도병에 걸려 사흘 동안 미친 듯이 춤을 춘다는 것이다. 지쳐 쓰러질 때까지 땀을 흘리며 춤을 추고 나면, 거미의 독이 온몸에서 빠져나가 살아나게 된다. 나폴리의 민속무곡과 춤 〈타란텔라〉가 여기서 생겨났다.

타란튤라형 인간은 강렬한 열정을 지닌 사람이다. 이 열정은 몸에서 자연스럽게 흘러나오는 생명에너지이지만, 다른 이들에게는 낯설고 위험한

것으로 보인다. 나폴리의 태양처럼 뜨거운 정열은 그로 하여금 다른 이들에게 한걸음 다가서게 만들지만, 다른 이들은 도리어 그로부터 한걸음 물러선다.

타란튤라형 인간은 상대가 알아주지 않는 사랑에 나홀로 몰두하는 고독한 연기자들이다. 그들은 말한다. "그대의 심장에 사랑의 바늘을 꽂으리, 그럴 수 없다면 그 바늘을 나의 심장에 꽂아 피 흘리며 죽으리." 현실에서 그들의 연기는 개인적인 관계보다는 만인의 사랑을 받는 방식으로 성공할 가능성이 높다. 그들은 고독한 연기자들이다.

극도로 흥분하는
누가 만지는 것을 참을 수 없다
춤추는 것을 좋아한다
음악적인 재능이 있다
연기하듯이 질병이나 히스테리가 있는 척 가장한다
상대방의 관심을 끌기 위해 밝은 색상의 옷을 입는다

세상의 모든 타란튤라를 위한 금언(金言)
생명을 바치는 것이 사랑이라면,
사랑을 꿈꾸는 것만으로도 한 생명을 살릴 것이다.

타
란
튤
라

제비壬와 말午

바다의 정령 제비는 바다 건너 강남까지 갔다가 다시 돌아오는
회귀성을 지녀 같은 일을 반복한다.
중여름의 에너지를 가지고 있는 말은 양기가 넘쳐서 서서 자며
작은 일에도 즉시 반응하는 하이킥의 왕자다.

총명하고 속이 깊으며 적응력이 뛰어나고 예의 바르다.
치밀하고 계산적이며 꼼꼼하지만 미래지향적이고 낙천적이다.
자기 매력을 잘 발산하고 놀며 쾌락과 음주가무를 즐긴다.
아이디어가 풍부하면서도 현실적이다.
삶의 태도는 능동적이지만 인간관계에서는 다소 수동적이다.

당신은 향유고래(용연향)와 닮았다

향유고래

학명 | 파이시터 카토돈(Physeter catodon)

용연향(龍涎香)은 향유고래의 소화관에 덩어리로 축적되는 대사산물이
다. 용연향은 검고 끈적거리고 고약한 냄새가 나는 액체인데, 햇빛이나 공
기에 노출되면 빠르게 산화되고 단단해져서 기분 좋은 향을 낸다.

용연향은 영어로 앰버그리스라고 하는데, '회색 호박'을 뜻하는 프랑스
어에서 유래했다. 용연향은 향유고래가 먹은 오징어의 소화되지 않은 부분
을 담즙과 함께 토해낸 토사물이다. 썩은 냄새가 진동하는 돌처럼 생긴 검

은 덩어리로 드물게 해변가에 밀려오기도 한다. 본래는 냄새 나는 덩어리지만 알코올에 녹이면 물질이 추출되면서 향료가 되어 가치가 급증한다.

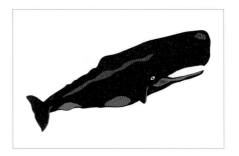

고대 이집트인들은 용연향을 의식 때 향으로 썼고, 고대 중국에서는 '용의 침의 향기'를 뜻하는 용연향이라고 불렀다. 중세에 흑사병이 창궐할 때 용연향을 가지고 다니면 감염되지 않는다고 믿었는데, 용연향에서 풍기는 냄새가 흑사병을 일으키는 냄새를 막는 것처럼 보였기 때문이다.

당신처럼 임오(壬午)일에 태어난 분들이 있다

서머싯 몸(영국 작가, 〈달과 6펜스〉) 1874년 1월 25일

이상(일제강점기 시인, 〈날개〉) 1910년 9월 23일

허장강(배우, 〈꽃상여〉) 1923년 5월 9일

백남준(예술가, '비디오아트'의 창시자) 1932년 7월 20일

장국영(홍콩 배우, 〈영웅본색〉) 1956년 9월 12일

서태지(음악가, 〈난 알아요〉) 1972년 2월 21일

향유고래는 이빨고래 중에서 가장 몸집이 큰 종으로, 범고래들도 공격하지 못하는 바다 최고의 맹수이다. 향유고래는 소설 〈모비딕〉에서 고래잡이들과 사투를 벌이다가 끝내 주인공의 배를 침몰시키며, 동화 〈피노키오의 모험〉에서는 피노키오와 제페토 할아버지를 삼켜버린다.

향유고래가 유명해진 것은 용연향 때문이다. 용연향은 고급 향료의 원료로서 값비싼 보물로 취급되지만, 향유고래의 입장에서 보면 오징어 뼈

를 소화시키는 대사 과정에서 형성된 고통의 산물이다. 창자를 찌르는 용연향을 배설하는 것도 대왕 오징어와 사투를 벌이는 문제와 맞먹는 골칫거리이다.

향유고래형 인간은 보통 사람은 엄두도 못내는 큰일을 과감하게 밀어붙이는 사람이다. 그를 신경 쓰게 만드는 것은 도리어 남들이 알아차리지 못하는 사소한 속사정이다. 향유고래의 배설물인 용연향이 최고의 보물이라는 사실은, 최고의 매혹이란 커다란 독에서 삭힌 발효음식의 향내와도 같다는 교훈을 떠올리게 한다.

자신의 체취에 몹시 신경을 쓴다

낯선 사람들 앞에서 수줍음을 탄다

마치 다른 세상에서 온 것 같은 기분이 들 때가 있다

자신이 하고 있는 사소한 일에 몹시 신경이 쓰인다

음악을 듣는 동안 심장이 두근거리거나 몸이 떨린다

세상의 모든 향유고래를 위한 금언(金言)

위험은 낯선 곳에서 그대를 기다린다.

타인을 행복하게 만드는 능력이 그대를 위험에 빠뜨리는

함정이 될 수 있다.

향유고래

85

계미

癸
未

박쥐癸와 양未

냇물의 정령 박쥐는 낮과 밤이 바뀌고 천장에 매달려 사물을 거꾸로 보며 새로운 일의 시작을 도모하는 창의성을 지녔다.
늦여름의 에너지를 가지고 있는 양은 고산의 바위에서 살며 스스로 고난을 즐기는 외로운 협객이다.

총명하고 민첩하다.
변덕이 있고 비밀이 많으며 속마음을 쉽게 드러내지 않는다.
언변이 능하고 대인관계에 사교적이다.
차분해보이지만 내면적으로 출세와 욕망에 욕심이 많다.
자기표현에 소극적이고 주변 사람에게 별로 관심을 두지 않는다.
두뇌회전이 빠르고 난관을 헤쳐 가는 기지가 있다.

당신은 떡쑥과 닮았다

떡쑥

저지풀솜나물(jersey cudweed) 서국초(shuqucao) 토끼담배(rabbit tobacco) 가난잡초(poverty weed) 고양이발(catsfoot) 은잎사귀(silver leaf) 부엉이의 왕관(owl's crown) 흰발삼(white balsam) 인도꽃다발 (indian posy)
학명 | 그나팔리움 폴리세팔룸(Gnaphalium polycephalum)

　주로 아시아 중부와 동북부에 서식하는 떡쑥은 식물 전체가 솜털로 덮여 흰빛이 돈다. 꽃은 5~7월에 노랗게 피고, 줄기 끝에 산방꽃차례를 이루며 수많은 두상화가 달린다.

국내에서는 어린 순을 나물로 먹고 4~6월경에 꽃이 핀 떡쑥 전체를 채집하여 햇볕에 말리는데, 이를 약명으로 서국초라고 부른다. 기침이나 편도염으로 목이 부었을 때 서국초를 물에 달여 양치액으로 쓴다. 중국에서도 서국초라고 하며, 절강성에서는 청명절에 야생 떡쑥에 찹쌀가루를 넣어 찧은 뒤 팥이나 무채 등을 소로 넣어 청명과를 만든다.

당신처럼 계미(癸未)일에 태어난 분들이 있다

스탕달(프랑스 소설가, 〈적과 흑〉) 1783년 1월 23일

루이 암스트롱(미국 재즈음악가, 〈왓 어 원더풀 월드〉) 1901년 7월 4일

달라이 라마(티베트 종교지도자) 1935년 7월 6일

메릴 스트립(미국 배우, 〈악마는 프라다를 입는다〉) 1949년 6월 22일

조니 뎁(미국 배우, 〈캐리비안의 해적〉) 1963년 6월 9일

떡쑥의 속명인 폴리세팔룸은 라틴어로 '많은 머리'라는 뜻이다. 떡쑥의 이미지를 보면 윗부분에 잔뜩 달린 꽃머리들이 부담스러운 느낌을 주는 많은 머리처럼 보인다. 머리 양 옆의 관자놀이 주변이 꽉 찬 것 같달까.

떡쑥의 별명이 '못난이 들꽃'인 것처럼, 떡쑥형 인간은 관자놀이에서 시작되는 두통이 찾아올 때 외부를 향해 발산하기보다 내부를 향해 위축되는 경향이 있다. 출구를 찾지 못한 극도의 스트레스는 그를 비현실적 차원에 존재하는 삶과 죽음의 경계에서 헤매는 비극적인 존재로 만들고, '부엉이의 왕관'이라는 다른 별명처럼 현실에서 자리를 찾지 못한 자신의 머리에 왕관

을 씌우는 누더기의 은자 같은 지혜에 도달한다.

떡쑥형 인간은 물 같은 설사를 쏟아낼 정도의 극심한 스트레스를 경험한다. 다음 순간 그는 아무것도 이룰 수 없다는 절망을 딛고 일어나 모든 것을 깨달은 현자의 모습으로 다시 태어난다. 바람에 누웠다가 다시 일어나는 이름 없는 들꽃이 찬란한 미륵으로 환생하듯이, 떡쑥형 인간은 마침내 새로운 존재로 환생하는 것이다.

관자놀이 주변이 꽉 찬 느낌

나는 그것을 성취할 수 없어!

자신이 관 속에 살아 있고 사람들이 그 위로 걸어 다니는 느낌

혀가 길고, 긴 털로 덮였다

물 같은 설사를 하며, 설사전이나 설사하는 동안 화를 낸다

설사가 멈춘 후에도 짜증을 낸다

세상의 모든 떡쑥을 위한 금언(金言)

목표의식을 버려라. 그것이 당신이 추구해야 할 유일한 목표이다.

떡쑥

갑신

甲申

여우甲와 원숭이申

숲의 정령 여우는 높은 언덕에서 살며 호랑이가 없는 산중을
잔꾀로 지배한다.
초가을의 에너지를 가지고 있는 원숭이는 인간보다 한 끗 부족하나
재주와 유머가 있는 여의봉으로 요술을 부린다.

어질고 착하지만 독선적이며 집중력과 순발력이 뛰어나다.
성격이 급하고 마무리를 못하나 지도력이 있어 타인의 신뢰를 받는다.
뜻이 고상하고 자기 관리에 힘쓰는 지도자 스타일이다.
뻣뻣하고 경직되어 있으며 타인의 시선을 의식한다.
겉으로는 화려하게 꾸며도 속으로는 공허한 경우가 많다.

당신은 해파리와 닮았다

해파리

일반해파리(common jellyfish) 달해파리(moon jellyfish)
학명 | 아우렐리아 아우리타(Aurelia aurita)

무럼해파리라고도 불리는 해파리는 투명한 몸속으로 비치는 네 개의 말
굽 모양 생식선으로 쉽게 알아볼 수 있다. 구성 성분의 99%가 물이므로 물
에너지에 민감하다. 해파리는 할 수 있는 몸동작이 제한되어 있어서 수영
을 하고 있을 때도 해류에 표류하는 느낌이 강하다.

해파리는 헤엄칠 때 물고기처럼 스스로 움직이지 못하고 몸을 움츠렸다

펴는 동작을 반복하며 물살에
몸을 맡기는데, 이런 모습이 사
람의 심장 박동과 비슷해서 심
리적으로 높은 안정감을 줄 수
있어 정서가 불안정한 유아의
심리치료에 이용된다.

당신처럼 갑신(甲申)일에 태어난 분들이 있다

한용운(일제강점기 승려, 〈님의 침묵〉) 1879년 8월 29일

베이브 루스(미국 야구선수, 메이저리그의 홈런왕) 1895년 2월 6일

엘비스 프레슬리(미국 가수, '로큰롤의 제왕') 1935년 1월 8일

지미 핸드릭스(미국 기타리스트, '일렉트릭 기타의 신') 1942년 11월 27일

마광수(작가, 〈즐거운 사라〉) 1951년 4월 14일

    해파리는 세 단계로 이루어진 세대교번을 하는데, 마지막 단계의 성체
해파리를 메두사라고 부른다. 성체 해파리의 이미지와 페르세우스에 의해
목이 잘린 메두사를 연결하는 상상력은 일견 그럴 듯해 보인다. 해파리도
머리카락 같은 촉수에만 의지한 채 머리만 떠다니는 것처럼 보이고, 메두
사도 뱀으로 된 머리카락을 흩날리는 머리통만 남아 있기 때문이다. 한마
디로 이들은 '머리가 잘린' 존재들이다.

    위의 이야기는 단지 시작일 뿐이다. 메두사가 고통의 상징이라면, 해파
리는 자유의 상징이기 때문이다. 페르세우스가 칼을 씻기 위해 메두사의
머리를 바다 위에 내려놓는 순간 메두사 머리의 피가 바다 속으로 빨려 들
어가 해초를 물들였고, 아름다운 빛깔의 붉은 산호가 탄생했다. 메두사의
머리는 투명하게 속이 들여다보이는 해파리로 변했으며, 물에 떠다니는 해

파리가 생겨나게 되었다.

해파리형 인간은 메두사의 경우처럼 젊은 시절 최고의 자리에서 영광을 누리다가 부지불식간에 '억울한' 누명을 쓰고 오만의 단죄를 받은 자이다. 하지만 마침내 그는 메두사에서 해파리에 이르는 정화의 시간을 통과하며, 머릿속에 있던 오만은 물론이요 고통과 분노조차 모두 내려놓고 아무런 거리낌 없이 물의 흐름을 따라 떠다니는 자유의 경지에 도달한다. 그는 시작부터 끝까지 감정에 충실한 자이다. 오만에서 지혜로 모습을 바꾸어가는 감정의 스펙트럼을 고스란히 경험하는 해파리형 인간의 생애를 통해 우리는 겸허의 가치에 대하여 배워야 한다.

아름다운 것을 매우 중요하게 생각한다
관계에 냉담하다
모든 것이 무의미하다는 느낌이 있다
매우 마르고 우아하다
극도의 불안감과 함께 말하는 데 어려움이 있다
부드러운 음악에 맞춰 혼자 춤추는 것을 좋아한다

세상의 모든 해파리를 위한 금언(金言)
흐름에 적응하다 보면 자신을 잊을 때가 있다.
당신은 최고의 경지에 도달한 것이다.

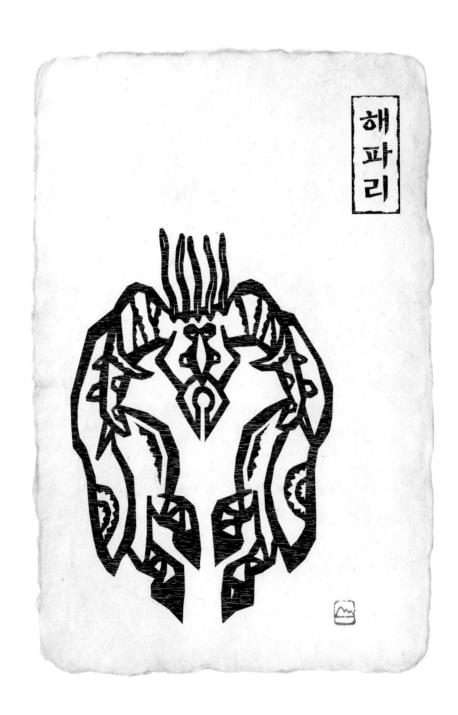

해
파
리

乙
酉

담비乙와 닭酉

새싹의 정령 담비는 작고 예쁘지만 여럿이 뭉치면 호랑이도 잡는
담력이 있다.
중가을의 에너지를 가지고 있는 닭은 온갖 부조리와 악을 파헤치며
먹이를 구하는 강력한 부리를 지녔다.

어질고 착하며 재주가 많고 예술성이 풍부하다.
검소하고 재물에 대한 집착력이 있으며 역경도 이겨내는 신념이 있다.
남의 눈치를 많이 보고 체면과 격식을 차린다.
자존심이 강하고 대쪽 같은 결단력이 있다.
성격은 단순하고 합리적이지만 남에게 의지하는 경향이 있다.

당신은 둘카마라와 닮았다

둘카마라

노박덩굴(bittersweet) 노박덩굴가지(bittersweet nightshade) 푸른
메꽃(blue bindweed) 덩굴가지(climbing nightshade) 포이즌베리
(poisonberry) 주홍베리(scarlet berry) 스네이크베리(snakeberry) 연보라
꽃(violet bloom)
학명 | 솔라눔 둘카마라(Solanum dulcamara)

둘카마라는 가지속에 속하는 다년생 덩굴식물이다. 별 모양의 보라색
꽃잎에 수술은 노란색이고, 열매는 붉은 타원형이며 독성이 있다. 둘카마

라는 모든 지역에서 자라지만
주로 습지나 강기슭 숲속에서
잘 자란다. 어두운 곳이나 질소
가 많은 습지에서 특히 잘 자라
서, 다른 덩굴식물과 마찬가지
로 다양한 동물들이 숨을 수 있
는 공간을 제공한다.

　새들은 둘카마라의 붉고 먹음직한 열매를 먹을 수 있어서 씨를 퍼뜨리
지만, 사람과 가축들은 독이 있어서 먹으면 안 된다. 마법에서 벗어나게 도
와준다는 속설 때문에 고대 그리스 시대 이래로 약초꾼들 사이에서 인기가
많았으며, 가축들의 목에 걸어서 악귀에 들리지 않도록 막았다고 한다.

당신처럼 을유(乙酉)일에 태어난 분들이 있다

루이 파스퇴르(프랑스 생화학자, 저온살균법 발명) 1822년 12월 27일

마가렛 미첼(미국 작가, 〈바람과 함께 사라지다〉) 1900년 11월 8일

체 게바라(아르헨티나 출신 남미 혁명가) 1928년 6월 14일

오드리 헵번(벨기에 출신 영국 배우, 〈로마의 휴일〉) 1929년 5월 4일

존 레논(영국 가수, '비틀즈'의 멤버) 1940년 10월 9일

김수현(드라마 작가, 〈사랑이 뭐길래〉) 1943년 1월 27일

　둘카마라는 '씁쓸하고 달콤하다'는 라틴어에서 유래한 독초이며, 영어
로는 비터스위트라고 불린다. 둘카마라의 통통하고 빨간 열매가 그런 맛이
나기 때문인데, 독이 들어 있기 때문에 먹어서는 안 된다. 민간요법에서는
둘카마라의 말린 잎을 베개 속에 넣거나 주머니에 넣고 다니면서 실연의
아픔을 치유했는데, 사랑이 반환점을 도는 순간의 씁쓸함을 달콤함으로 변

화시킬 수 있다고 믿었기 때문이다.

둘카마라형 인간은 인생이라는 드라마의 주인공이 경험하는 감정의 본
질을 이해하는 사람이다. 햇살 가득한 들판으로 나아가는 대신 굳이 어둡
고 축축한 구석으로 덩굴을 뻗어가는 둘카마라가 그렇듯이, 둘카마라형 인
간은 홀로 견뎌야 하는 고독이 인생의 핵심이라는 사실을 정면으로 받아들
인다.

둘카마라는 전통적으로 부정 탄 사람이나 동물, 물건을 정화하거나 사
악한 기운으로부터 보호하는 데 쓰였다. 둘카마라형 인간은 인생의 불행을
피하기 위해서는 도리어 씁쓸한 고독을 피하지 말아야 한다고 믿는다. 인
생을 혼자 힘으로 온전히 견뎌냈을 때 마지막에 느껴지는 약간의 달콤함이
야말로 감사할만한 다행이라는 사실과 함께 말이다.

모든 증상이 추위와 습기에 악화된다
밤에 끙끙거리고 뒤척인다
미래에 대한 불안이 있다
변덕이 심하다
어쩔 수 없는 분노와 폭력, 회피가 번갈아 나타난다

세상의 모든 둘카마라를 위한 금언(金言)
어둠 속에서 출구를 찾는 유일한 마법은 희망을 부르는 것이다.
희망이여, 내게로 오라.

병술 丙戌

사슴丙과 개戌

태양의 정령 사슴은 스스로 왕을 자처하며 곤룡포를 입고 있다.
늦가을의 에너지를 가지고 있는 개는 주인에 대한 충성심이 강하며
낮보다 밤을 즐기는 호위무사이다.

밝고 명랑하고 사교적이며 명석하고 총명하다.
불같은 다혈질로 고통을 겪는다.
명예욕이 강하고 추진력이 뛰어나서 속전속결한다.
자기표현에 능하고 에너지가 강하지만 필요할 때만 배출한다.
솔직담백하고 낙천적이며 기분파적인 면모를 보인다.

당신은 옥수수깜부기를 닮았다

옥수수깜부기

옥수수버섯(maize mushroom) 위틀라코체(huitlacoche)
학명 | 우스틸라고 메이디스(Ustilago maydis)

옥수수깜부기는 옥수수에 기생하여 혹처럼 발생하는 포자덩이 버섯을 말한다. 깜부기가 성숙하면 혹덩이 속 내용물이 검게 바뀌면서 흑갈색 포자 가루로 변한다. 땅에 떨어져 토양에서 발아하여 2단계의 포자를 형성하고, 다시 옥수수 식물에 붙어 기생한다.

옥수수깜부기는 겉모습과 달리 식용이 가능해서 남미에서는 버섯의 일

종으로 요리에 쓰이는데, 독성이 없고 맛이 좋아 진미로 여겨진다. 멕시코에서는 옥수수 깜부기를 '위틀라코체'라고 부르는데, 아미노 산·섬유질·단백질이 많은 영양식이라서 '멕시 칸 송로버섯'이라고 한다.

유럽에서는 17세기부터 옥수수깜부기가 알려졌지만, 당시의 인식은 아무 짝에도 쓸모 없는 옥수수의 적에 가까워서 '불에 탄 옥수 수'라고 불렀다. 옥수수깜부기는 식용 외에도 지혈제나 수렴제로 쓰이고, 항균과 항암 작용도 입증되었다.

당신처럼 병술(丙戌)일에 태어난 분들이 있다

존 밀턴(영국 시인, 〈실낙원〉) 1608년 12월 9일

오펜하이머(미국 물리학자, '맨해튼 원자폭탄 프로젝트') 1904년 4월 22일

블라디미르 푸틴(러시아 제3·4대 대통령) 1952년 10월 7일

가라타니 고진(일본 문예평론가, 〈네이션과 미학〉) 1941년 8월 6일

박노해(시인, 〈노동의 새벽〉) 1957년 11월 20일

J.K.롤링(영국 작가, 〈해리포터〉) 1965년 7월 31일

옥수수깜부기는 흑수균에 의해서 생기는 기생식물이다. 옥수수의 꽃에 침범해서 이삭이 검게 되기 때문에 흑수병(黑穗病·검은 이삭병)이라고도 하며, 검은 가루가 채워진 이삭이 눈에 띄게 불어터져서 '도깨비'라고도 부른다. 옥수수깜부기는 버섯 가운데 단백질의 함량이 가장 많고 옥수수보다 도 단백질이 많은데, 고대 아즈텍인들은 옥수수깜부기에 특별한 효능이 있다고 믿었고 심지어 최음제라고 믿기도 했다.

노란 옥수수가 햇빛의 자녀인 곡식이라면, 잿빛 옥수수깜부기는 어둠의 자식인 균류이다. 옥수수깜부기형 인간도 어둠에 대한 매혹을 느끼는 특별한 사람들이어서, 옥수수깜부기가 옥수수를 능가하는 별미가 되었듯이 별종의 사람들인 옥수수깜부기형 인간도 다른 차원에서 의미 있는 역할을 한다.

옥수수깜부기형 인간은 인생의 어두운 면에 대하여 남다른 관심을 지닌 사람들이다. 그들은 죽음이나 도깨비, 무서움에 대하여 민감하게 반응하는데, 이것은 그들이 생명이나 천사, 기쁨에 대하여 뜨거운 갈망을 지녔다는 뜻이기도 하다. 어두운 면이란 결국 밝은 면의 다른 얼굴이기 때문이다.

무엇인가 잊어버린 것 같은 생각이 끊임없이 든다

눈을 감고 있으면 악마, 어둠, 유령에 대한 두려움이 몰려온다

성미가 급하고 다투기 좋아하는 성향이 있다

우스꽝스럽고 유치하고 바보 같은 동작으로 킥킥거린다

밤에 웃고 낄낄댄다

근육이 이완되고 늘어진다

세상의 모든 옥수수깜부기를 위한 금언(金言)

어둠 속에 오래 살아서 햇살이 기억나지 않는가?

어둠과 빛은 하나이다. 당신은 이미 햇살 아래 서 있다.

옥수수깜부기

노루丁와 돼지亥)

달의 정령 노루는 가까이 가면 멀어지는 안개 속의 신비를 지녔다.
초겨울의 에너지를 가지고 있는 돼지는 모든 생명의 유전자를
저장할 정도로 욕심이 많으며 만물의 형벌과 독을 해독시키는
능력의 소유자이다.

총명하고 합리적이며 인정이 많다.
변덕이 있어서 싫증을 빨리 낸다.
언변이 뛰어나고 활동적이어서 인기가 좋다.
흥을 즐기지만 정도를 넘지 않고 법도를 지킨다.
겉모습은 밝고 열정적이나 속으로는 계산적인 면도 있다.
종교와 신비에 관심이 많고 학문성도 뛰어나다.

당신은 벨라돈나와 닮았다

벨라돈나

죽음의가지(deadly nightshade)

학명 | 아트로파 벨라돈나(Atropa belladonna)

벨라돈나는 가지과에 속하는 식물로 학명은 아트로파 벨라돈나이다. 아
트로파는 그리스 신화에 나오는 운명의 여신 세 자매 중 막내로 인간이 언
제 어떻게 죽을지 결정한다. 벨라돈나는 이탈리아어로 '아름다운 여인'을
뜻한다. 벨라돈나는 유럽의 중부와 남부에 자생한다. 푸른빛이 도는 자주
색의 종모양 꽃이 피고, 익으면 광택이 나는 검은색 열매가 열린다.

벨라돈나는 독이 가장 강한 식물 가운데 하나로 뿌리나 잎 등 모든 부분에 트로판계 알칼로이드를 포함하고 있다. 고대에는 벨라돈나의 독을 독화살의 재료로 쓰기도 했다. 이탈리아 에서는 여성들이 벨라돈나의 즙을 눈에 넣어 아름답게 보이는 화장용으로 사용했는데, 식물에 함유된 아트로핀이 동공을 확대시키는 효과가 있었기 때문이다.

당신처럼 정해(丁亥)일에 태어난 분들이 있다

안데르센(덴마크 동화작가, 〈미운 오리새끼〉) 1805년 4월 2일

하세가와 마치코(일본 만화가, 일본 최초의 여성 프로만화가) 1920년 1월 20일

토머스 쿤(미국 과학철학자, 〈과학혁명의 구조〉) 1922년 7월 18일

김춘수(시인, 〈꽃〉) 1922년 11월 25일

보리스 옐친(러시아 정치인, 초대 대통령) 1931년 2월 1일

데이비드 보위(영국 가수, 〈히어로즈〉) 1947년 1월 8일

벨라돈나는 마녀의 열매로 알려졌다. 노동절의 기원인 '발푸르기스의 밤'에는 마녀들이 벨라돈나 열매로 만든 연고를 몸에 바르고 대빗자루를 타고 하늘을 날며 봄의 축제를 벌였다. 벨라돈나와 양귀비의 아편을 섞어서 복용하면 깨어있는 상태로 꿈을 꾸는데, 마녀로 불리는 중세의 여성들은 이 같은 환각의 힘을 빌려 마법(witchcraft)으로 불리는 그녀들의 존재 선언을 감행했다.

가지과의 독초인 벨라돈나의 독성은 뜨겁고 붉고 타는 듯한 증상이 갑

자기 왔다가 갑자기 사라지는 활동성 울혈과 물건들을 불태우고 싶어 하는 광기로 드러난다. 중세의 마녀란 기실 여성 억압의 흑역사에 해당하므로, 벨라돈나의 환각은 억압당한 여성의 공포와 분노를 주술의 형식에 담아낸 것이다.

벨라돈나형 인간은 열정으로 가득 찬 생애를 살아가는 사람들이다. 열정을 불러일으킨 것은 현실의 부조리와 모순이지만, 그들의 분노는 창조적인 형식에 담긴 분출(噴出)의 형태를 취한다. 그들은 인생 자체를 예술가의 눈으로 바라보는 사람들이다. 예술보다 더 예술적인 마법의 느낌은 이같은 창조성에서 나온다. 현실에서 그들은 중심으로 진입하기 어려운 아웃사이더들이지만, 진정한 창조주인 그들은 인사이더를 능가하는 영혼의 품격을 갖춘 자들이다.

> 뜨겁고 붉고 욱신거리고 타는 듯한 증상들
> 민감성으로 인해 격한 반응을 일으킨다
> 자신이 마술사라는 망상이 있다
> 빛에 대한 공포가 있다
> 사람들이 자신에게 매료되기를 원한다

세상의 모든 벨라돈나를 위한 금언(金言)

그대의 못다한 열정, 검붉은 독이
세상에 다시없는 해독제로 사용되기를.

벨라돈나

무자

戊
子

표범戊과 쥐子

산의 정령 표범은 평상시에는 고양이처럼 순하다가도 순간적으로
돌변하는 정력가이다.
중겨울의 에너지를 가지고 있는 쥐는 들락날락 반복을 잘하며
꾀가 능하고 환락을 즐기는 밤의 황제이다.

총명하고 신의를 중시하며 자존심이 강하다.
재물에 관심이 많고 현실적이며 실리적이다.
자기 통제에 능해서 생각을 실천에 잘 옮기는 편이다.
겉은 강하나 속은 무르다.
평상시에 생각이 많은데 지나치면 우울증으로 변한다.

당신은 카모마일과 닮았다

카모마일

이태리카모밀라(italian camomilla) 독일카모마일(german chamomile)
향수카모밀라(scented mayweed) 헝가리카모마일(hungarian chamomile)
학명 | 마트리카리아 카모밀라(Matricaria chamomilla)

꽃차로 유명한 카모마일은 그리스어로 땅에서 나는 사과를 뜻하는데,
카모마일에서 사과 비슷한 향기가 나기 때문이다. 카모마일은 유라시아
온대 지역이면 어디에든 서식하고, 나뭇가지처럼 꼿꼿하고 매끄러운 줄기
가 난다. 잎은 가늘고 길며, 꽃은 원추꽃차례로 노란색 중심화 주변에 흰

색 꽃잎들이 둘러 있는 형태로 피어난다. 초여름에서 한여름 사이에 꽃이 핀다.

카모마일은 위염이나 과민성 대장증후군 치료에 쓰이고, 잠들기 전에 차로 마시기도 한다. 변비를 치료하는 효과가 있고, 염증이나 박테리아로부터 몸을 보호하는 효과도 있다. 동화 〈피터 래빗〉에는 피터가 엄마의 말을 어기고 정원에 들어가 사람들에게 잡힐 뻔하다가 겨우 도망치는 장면이 나오는데, 엄마는 집으로 돌아온 피터에게 놀란 마음을 진정하라고 따뜻한 카모마일 차를 마시게 한다.

당신처럼 무자(戊子)일에 태어난 분들이 있다

라부아지에(프랑스 화학자, '질량 보존의 법칙') 1743년 8월 26일

안중근(한말 독립운동가) 1879년 9월 2일

정준호(배우, 〈가문의 영광〉) 1969년 11월 9일

최지우(배우, 〈천국의 계단〉) 1975년 6월 11일

박세리(골프선수) 1977년 9월 28일

카모마일은 '행운의 꽃'이다. 카모마일로 화관을 만들어 머리에 얹으면 사랑하는 사람을 오게 할 수 있고, 주머니에 넣고 다니면 행운이 따른다. 카모마일로 손을 씻으면 도박에서 이길 확률이 높고, 집 주변에 심어두면 나쁜 기운을 막을 수 있다. 카모마일 향은 숙면과 명상에 도움을 준다.

카모마일은 하얀색 혀꽃의 복판에 노란색 꽃이 핀다. 평범한 들꽃처럼 보이지만, 복판의 샛노란 꽃이 눈길을 끈다. 슬쩍 건드리면 원하는 것을 얻

을 때까지 목젖을 내보이며 울어 젖힐 것만 같다.

카모마일형 인간은 욕심꾸러기다. 세상의 좋은 것을 다 얻기를 원하며, 그것을 모두 손에 넣을 때까지 포기하지 않을 작정이다. 끈질김은 유일한 덕목이며, 기다림 따위는 문제가 되지 않는다. 카모마일이 행운을 상징하는 까닭이 비로소 이해되기 시작한다. 시간이 흐르면 떼를 쓰던 아이의 울음소리는 제풀에 잦아들고, 자신이 무엇을 원했는지조차 잊어버리는 순간이 찾아온다. 그 순간 맛난 음식이 가득 담긴 그릇을 든 엄마의 손이 불쑥 나타난다. 이것은 행운이 우리를 찾아오게 만드는 유일한 비방이다. 욕심을 버리고 마음을 가라앉히는 것은 카모마일형 인간이 갖추어야 할 유일한 덕목이다.

한시도 가만있지 못하고 허둥댄다
부끄러워 죽을 것 같다
밤에 침대에서 불안이 엄습한다
모든 것이 너무 느려서, 조바심이 난다
통증으로 비명을 지른다, 제발 멈춰!

세상의 모든 카모마일을 위한 금언(金言)
당신은 작은 사람이 아니다.
하늘보다 작지만, 하늘보다 큰 사람은 어디에도 없다.

카모마일

꽃게己와 소丑

들의 정령 꽃게는 두 눈을 안테나처럼 높여 좌우를 살피며 옆으로
기는 첩보원의 기질을 가지고 있다.
늦겨울의 에너지를 가지고 있는 소는 생각이 깊고 오랫동안
되새김질을 하며 앞을 향해 묵묵히 걷는 침묵의 수행자이지만
욱하면 뿔로 받는 성질이 있다.

성격이 냉정하고 치밀하며 영리하다.
신의를 중시하고 책임감이 강하다.
포용력이 있지만 고집이 세고 자존심이 강하며 성격이 급하다.
한 가지 일에 집착하는 기질이 강하므로 전문직에 적합하다.
스스로에 대해 불만이 있으며 자학하는 성향이 있다.

당신은 갈색은둔거미와 닮았다

갈색은둔거미

갈색은둔자(Brown recluse) 바이올린거미(fiddleback spider)
학명 | 록소스켈레스 레클루자(Loxosceles reclusa)

독거미로 널리 알려진 갈색은둔거미의 학명은 록소스켈레스 레클루자
이다. 록소스켈레스는 삐뚤어진 다리를 뜻하고, 레클루자는 은둔자를 의미
한다. 다리가 기울어져 있고, 보이지 않는 곳에서 은둔자처럼 혼자 살기 때
문이다. 다리에는 가시가 없으며 밝은 단색을 띠고 있다. 몸도 전반적으로
단색이고, 눈이 6개 있는데 얼굴 앞에 한 쌍, 옆에 두 쌍이 있다.

갈색은둔거미는 혈액독을 가지고 있어서 물리면 피부가 괴사할 수 있고 가끔은 사망하기도 한다. 이런 일은 대체로 면역력이 낮은 어린이들에게서 발생한다. 하지만 원래 내성적

이라 먼저 물지는 않는다. 위협받으면 도망가고 제자리를 빙빙 돌기도 하며 모면하기 위해 죽은 체한다. 다리가 생존에 방해가 되면 도마뱀처럼 떼어버린다.

당신처럼 기축(己丑)일에 태어난 분들이 있다

노스트라다무스(프랑스 점성술사, 〈제세기〉) 1503년 12월 14일

요하네스 브람스(독일 작곡가, 〈헝가리 무곡〉) 1833년 5월 7일

프로이트(오스트리아 의사, 〈꿈의 해석〉) 1856년 5월 6일

펄 벅(미국 소설가, 〈대지〉) 1892년 6월 26일

이세돌(프로바둑 기사) 1983년 3월 2일

갈색은둔거미가 원하는 것은 오로지 안락한 장소에 틀어박혀 있는 것이다. 녀석을 만나고 싶으면 차고나 상자, 침대 틈새처럼 어둡고 축축한 공간을 들여다볼 일이다. 녀석은 가느다란 실로 거미집을 만들고 어딘가에 틀어박혀 있다. 가끔씩 긴 다리를 멀리 뻗으며 사냥을 나가기도 하지만, 다리를 뺀 몸통이 동전보다 작고 식욕도 좋은 편이 아니라서 사냥이 잦지는 않다.

갈색은둔거미형 인간은 좀처럼 마음을 드러내지 않아 속마음을 알 수 없는 사람들이다. 물론 마음이 없는 것은 아니며, 그보다는 마음을 숨겨놓

은 사람들이라는 말이 진실에 가깝다. 하지만 마음을 주고 싶은 사람이 나타나기 전까지는, 그럴 필요가 없으며 그럴 생각도 없다. 대신 숨겨놓은 마음이 외로울수록 뜨거워지는 것은 당연한 이치이다.

갈색은둔거미는 바이올린거미라는 별명을 가지고 있다. 격정을 토하는 멜로디를 연주하느라 떨리는 다리로 등에 짊어진 바이올린을 연주하는 녀석의 걸음걸이는, 은둔에서 사냥으로 넘어가는 변신의 시간을 실감하게 한다. 갈색은둔거미는 물이나 음식을 먹지 않고 일 년까지 버틸 수 있다고 하니, 녀석은 분명 사랑에도 굶주렸을 것이다. 녀석이 오랜 고독으로 정화된 마음을 가지고 세상을 뒤흔드는 사랑을 시작할 수 있을 것인가. 갈색은둔거미형 인간과 마주앉아 진정한 사랑에 대한 이야기를 나누고 싶다.

혼자 있기를 원한다
모든 것이 너무 힘들고 시련처럼 여겨져서 포기한다
심각한 자살 성향
보고 있는, 관찰하는 느낌
소음과 빛, 음악, 만지는 것에 극도로 예민하다

세상의 모든 갈색은둔거미를 위한 금언(金言)
존재의 고독을 끝까지 물고 들어가면,
사랑의 의미를 가슴에 안게 될 것이다.

갈색은둔거미

庚
寅

까마귀庚와 호랑이寅

광석의 정령 까마귀는 은혜와 복수를 반드시 되갚으며 불도저처럼
밀어붙이는 에너자이저이다.
초봄의 에너지를 가지고 있는 호랑이는 빠르고 힘찬 지상 최고의
권력자이다.

의리와 의협심이 강하고 시비를 분명히 한다.
처세를 잘하고 재치가 있으며 총명하다.
낙천적이지만 감정적이고 성급하다.
겉보기에는 위세 당당하나 내면은 위축되어 있고 조심하는
성향성이 있다.
성취 욕구가 높아서 여러 일에 도전하는 정신이 있다.
에너지가 왕성하고 이동이 잦으며 노는 것을 좋아한다.

당신은 퓨마와 닮았다

퓨마

쿠거(cougar) 퓨마(puma) 팬서(panther) 산사자(mountain lion) 붉은호
랑이(red tiger) 사슴호랑이(deer tiger)
학명 | 퓨마 컨컬러(Puma concolor)

퓨마는 지구상에서 가장 많은 이름을 가지고 있는 동물로 기네스북에
올라 있다. 퓨마의 학명은 퓨마 컨컬러인데, 퓨마는 페루어로 강력하다는
뜻이고 컨컬러는 퓨마의 몸 색깔이 단색이기 때문에 붙은 이름이다.
퓨마는 북미와 남미 전역에 서식하며 몸길이는 1~2미터에 이른다. 퓨

마는 절대적인 육식동물이라 육식만 해야 생존할 수 있다. 강력한 육식동물이다 보니 고대 아메리카 원주민 문화에서 신봉되기도 했다. 퓨마는 아메리카 대륙에서 회색곰, 회색늑대와

더불어 최고의 포식자이다. 짝짓기 시기를 제외하면 혼자 생활하는 동물이고, 지구상의 어떤 육상동물보다 서식 지역이 넓은 것으로 알려졌다.

당신처럼 경인(庚寅)일에 태어난 분들이 있다

스티븐슨(영국 소설가, 〈지킬 박사와 하이드〉) 1850년 11월 13일

헤밍웨이(미국 소설가, 〈무기여 잘 있거라〉) 1899년 7월 21일

함석헌(독립운동가, 무교회주의자, 〈씨알의 소리〉 발간) 1901년 3월 13일

폰 노이만(헝가리 출신 수학자, '컴퓨터의 설계자') 1903년 12월 28일

폰 카라얀(오스트리아 출신 지휘자, '베를린 필하모니'의 지휘자) 1908년 4월 5일

잉카 제국의 수도였던 쿠스코는 퓨마의 형상을 본 따서 만들어졌다. 잉카인들은 창조신과 관련된 퓨마가 땅을 지배하는 동물이라고 믿었다. 뒷다리가 길어서 5.5미터에 달하는 놀라운 점프력을 가진 퓨마는 둘러보는 데 하루가 걸릴 정도로 넓은 세력권을 점유하고 있다. 땅에 사는 동물 가운데 최고 높이와 최대 넓이를 장악한 퓨마는 흔히 로키산의 정상에 올라 생명으로 가득 찬 장엄한 풍경을 바라보는 의연한 자태로 묘사된다.

퓨마는 큰고양잇과의 다른 동물들처럼 공격적이지 않다. 퓨마는 지배를 위한 세력 다툼에 촉각을 곤두세우는 최고의 포식자이면서도, 큰고양잇과 특유의 얼룩무늬 없는 부드러운 단색의 몸 색깔처럼 관대한 느낌을 가

지고 있다.

퓨마형 인간의 지배력은 힘 자체를 행사하는 데서 비롯되는 것이 아니라 힘이 생겨나고 지속되는 구조를 이해하고 장악하는 데서 비롯된다. '로키산의 유령'이라는 별명처럼 이 과정에서 생겨나는 감정적인 거리두기는 주변과의 사이에서 지나친 거리감을 만들어낸다. 이 같은 거리감의 안쪽에서 묻어나는 어색함과 상실감을 어떻게 처리하는가가 퓨마형 인간에게 남겨진 숙제이다.

> 자녀들과의 이별은 깊은 상처를 준다
> 사람들과의 연대감이 정말 좋다
> 내 성적 능력의 남성적 힘을 되찾아야 한다
> 관대하며, 감정적으로 거리를 둔다
> 틀어질 것 같은 관계는 원하지 않는다

세상의 모든 퓨마를 위한 금언(金言)
당신이 인연의 주위를 어슬렁거리는 분이라는 걸 안다.
당신이 뚝하고 부러지는 사랑을 하염없이
부러뜨리는 분이라는 것도 안다.

꿩辛과 토끼卯

**보석의 정령 꿩은 질병과 불의를 보면 반드시 고치려고 하는
정의의 해결사이다.**
중봄의 에너지를 가지고 있는 토끼는 귀엽고 섹시하며 멋을 부린다.

辛
卯

의리와 의협심이 강하며 자존심이 강하다.
깔끔하고 섬세하며 예술적 감각이 뛰어나다.
날카롭고 완벽한 성격 때문에 타인의 질시를 받는다.
예민하고 냉정하며 까칠하다.
손재주가 있어서 기술이나 공예에 잘 맞는다.

당신은 돌고래와 닮았다

돌고래
병코돌고래(bottlenose dolphin) 대서양병코돌고래(atlantic bottle-
nosed dolphin) 검은돌고래(black porpoise) 해우(cowfish) 태평양병코돌
고래(pacific bottlenose dolphin)
학명 | 투르시옵스 트렁카테스(Tursiops truncates)

　병코돌고래라고도 하는 큰돌고래의 학명은 투르시옵스 트렁카테스이
다. 투르시옵스는 로마의 역사학자 플리니우스가 돌고래를 닮은 물고기를
투르시오라고 언급한 데에서 유래했고, 트렁카테스라는 종명은 짤막하다

는 뜻으로 큰돌고래의 뭉툭한
코를 말한다.

그리스신화에 해적들이 술
과 풍요의 신 디오니소스가 왕
자인 줄 알고 몸값을 요구하려
고 납치하는 이야기가 나온다.
화가 난 디오니소스는 배의 노들을 뱀으로 만들었고, 놀란 해적들이 바다
로 뛰어들자 디오니소스는 그들을 죽이지 않고 돌고래로 만들어 위험에 처
한 사람들을 돕도록 한다.

큰돌고래는 동물 중에서도 지능이 높고 초음파 능력이 있어서 냉전시대
에는 구소련과 미국에서 군사용으로 사용했다.

당신처럼 신묘(辛卯)일에 태어난 분들이 있다

마리 퀴리(폴란드 과학자, 방사성 원소 '라듐' 발견) 1867년 11월 7일

빙 크로스비(미국 가수, 〈화이트 크리스마스〉) 1903년 5월 31일

박태준(기업가, '포항제철' 설립) 1927년 10월 24일

마라도나(아르헨티나 축구선수) 1960년 10월 30일

마이클 조던(미국 농구선수, NBA 최고의 슈퍼스타) 1963년 2월 17일

고대 그리스의 동전에는 돌고래를 타는 신들의 모습이 등장한다. 돌고
래는 바다의 신의 전령이라고 여겨져서, 뱃사람들은 물결 사이에서 돌고래
의 모습이 보이면 재수가 좋다고 믿었다.

돌고래가 신성한 이미지를 지닌 까닭은 그들에게 초음파를 송수신하는
능력이 있기 때문이다. 초음파를 사용하는 돌고래의 소통 능력은 바다에서
위험에 처한 사람을 돕는 방식으로 발휘된다. 돌고래의 뛰어난 소통 능력

은 돌고래를 타고 다니는 비너스 여신의 이야기처럼 신과 돌고래의 로맨스로 이어지며, 아마존강의 분홍색 돌고래에게는 인간과 관계를 맺고 아이를 남기고 떠난다는 신비한 전설이 있다.

돌고래형 인간은 가족이나 인연을 맺은 사람을 돌보려는 강력한 의지를 가지고 있다. 그것은 정신과 육체를 아우르는 교감을 토대로 하며, 친구와 적을 구별하는 예리한 판단력과 정곡을 찌르는 언어를 수단으로 한다.

돌고래가 신들의 전령이듯이, 돌고래형 인간도 절대적 가치와의 일체감을 통해 자신의 임무를 수행한다. 따라서 돌고래형 인간은 오랫동안 신봉해온 가치가 흔들릴 경우에도 소통을 지속할 수 있는 지혜를 터득할 때에만, 비로소 자신의 인생이 스스로에게 인정받을 만한 것이라는 판단에 도달할 것이다.

보호하고 피난처를 제공하려 하는 강한 모성 본능이 있다
정신적인 것을 중시하면서 삶의 목적에 대한 의문을 제기한다
육욕적인 성향이 있어서, 성에 대해 거리낌이 없다
원형으로 움직이는 듯한 느낌이 있다
말하기 좋아하고 말을 터놓고 한다

세상의 모든 돌고래를 위한 금언(金言)
부드러운 곡선으로 움직이는 그대의 몸을 따라서,
세상에서 가장 큰 곡선 속으로 미끄러져 들어간다.

임진
壬辰

제비壬와 용辰

바다의 정령 제비는 바다 건너 강남까지 갔다가 다시 돌아오는
회귀성을 지녀 같은 일을 반복한다.
늦봄의 에너지를 가지고 있는 용은 적군과 아군을 구분하여 적을
단숨에 섬멸하는 냉정한 절대자이다.

지혜롭고 총명하며 재치가 있다.
임전무퇴의 기질이 강하며 결단력이 있다.
자립심이 강하고 일처리를 능동적으로 치밀하게 한다.
자기를 드러내려고 하지 않는 반면 승부욕과 권력욕이 강하다.
화날 때는 한 번에 폭발하기 때문에 평소와 전혀 달라 보인다.

당신은 가봉살무사와 닮았다

가봉살무사

가분독사(gaboon viper) 나비살무사(butterfly adder) 가분살무사(gaboon
adder) 숲살무사(forest puff adder)
학명 | 비티스 가보니카(Bitis gabonica)

가봉살무사는 포르투갈인이 아프리카 가봉에서 이 뱀을 발견하고 붙인
이름이다. 가봉살무사는 최대 2미터까지 성장하고, 몸무게는 10킬로그램
에 달한다. 큰 삼각형의 머리와 좁은 목이 있으며, 작은 뿔이 양 콧구멍 옆
에 있고, 눈가 아래에 검은 삼각형 무늬가 있다. 5.5센티미터에 달하는 송

곳니는 독사 중에서 가장 긴 편에 속한다.

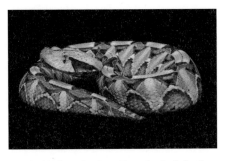

먹이는 비둘기, 토끼 외에도 원숭이나 호저, 작은 영양까지 포함하는데, 몸이 커서 큰 먹이도 소화할 수 있다. 몸이 뚱뚱해서 다른 뱀처럼 빠르게 이동하지 못하기 때문에 평소에는 움직이지 않고 낙엽으로 위장해서 먹이를 기다리는데, 위장술이 뛰어나서 잘 보이지 않는다. 먹잇감이 지나다닐 만한 길목에 나뭇잎처럼 꼼짝 않고 있다가, 먹잇감이 근접하면 삽시간에 뛰어올라 덮친다.

당신처럼 임진(壬辰)일에 태어난 분들이 있다

다니엘 디포(영국 소설가, 〈로빈슨 크루소〉) 1660년 9월 13일

루쉰(중국 소설가, 〈아Q정전〉) 1881년 9월 25일

파블로 피카소(스페인 태생 입체파 화가, 〈아비뇽의 처녀들〉) 1881년 10월 25일

알베르 카뮈(프랑스 작가, 〈이방인〉) 1913년 11월 7일

안소니 홉킨스(영국 배우, 〈양들의 침묵〉) 1937년 12월 31일

'살무사의 제왕'으로 불리는 가봉살무사는 거대한 몸집에 최강의 독니를 가졌을 뿐 아니라 어느 독사보다 많은 양의 독을 분비하며, 한 번에 분비하는 독의 2퍼센트로도 사람을 죽일 수 있다. 대다수 뱀과 달리 독을 주입하고도 숨이 끊어질 때까지 먹잇감을 놓지 않는다.

가봉살무사형 인간은 타인과의 관계에서 권위적이며 일방통행적인 사람으로 오해받는다. 가봉살무사처럼 그로테스크한 외형을 가졌을 뿐 아니라 인간의 내면을 꿰뚫어보는 예리한 관찰력을 가졌고, 상대방이 그에 의

해 송두리째 파악 당한다는 느낌을 주기 때문이다. 예로부터 탐욕이 강한 자들은 살무사를 두려워하라는 말이 있는데, 이런 이유 때문인 것으로 보인다.

사람들이 살무사를 두려워하는 까닭은 결국 살무사 때문이 아니라 금단의 영역으로 한걸음을 내딛는 자신의 욕심 때문이듯이, 가봉살무사형 인간도 결코 위협적인 본성을 가진 사람이 아니다. 그의 내면에 자리잡고 있는 어린아이 같은 인간 본성에 대한 따뜻한 마음을 알아차리는 선한 친구를 만날 수 있다면, 그의 외로움은 한결 가벼워질 것이다.

모든 사람에게 까다로운
어린아이들에게는 이상할 정도로 인내심이 있다
가족들과 친구들로부터 지지받으려는 욕구
잠에서 깼을 때 정신이 맑다
쉽게 성을 낸다

세상의 모든 가봉살무사를 위한 금언(金言)
점잖은 어른 속에 장난꾸러기 아이가 있듯이,
커다란 당신 속에 알록달록한 마음이 있다.
당신은 재미난 분이다.

가봉살무사

계사 癸巳

박쥐癸와 뱀巳

냇물의 정령 박쥐는 낮과 밤이 바뀌고 천장에 매달려 사물을 거꾸로 보며 새로운 일의 시작을 도모하는 창의성을 지녔다.
초여름의 에너지를 가지고 있는 뱀은 강력한 독이빨과 다리 없이도 달릴 수 있는 용의 기상을 가진 살벌한 권력자이다.

실리적이며 실속이 있다.
인품이 바르지만 변덕이 많고 인색하다.
애정운이 빠르지만 이성관계를 잘 관리할 필요가 있다.
비밀이 많고 의중을 파악하기 어렵다.
머리가 좋고 임기응변을 잘하며 처세술에 능하다.

당신은 다이아몬드와 닮았다

다이아몬드(Diamond)

다이아몬드라는 명칭은 그리스어 아마다스(adamas)에서 유래했는데, 정복할 수 없다는 뜻을 가지고 있다. 다이아몬드는 천연광물 중에서 가장 경도가 높아서 다른 광물로 긁어도 흠집을 낼 수 없지만, 강도는 낮은 편이라 쇠망치로 내리치면 깨진다.

고대 그리스 로마인들은 다이아몬드가 신의 눈물이거나 별똥별의 조각이라고 믿었고, 로마인들은 큐피드의 화살 끝이 다이아몬드로 덮여 있다고 믿었다. 세실 로즈가 세운 남아프리카의 '드비어스' 회사는 다이아몬드 원석의 90퍼센트 이상을 독점해서 100년 넘게 유지했고, 다이아몬드를 의미 있는 보석으로 만드는 마케팅을 해서 높은 가격을 유지했다.

가치가 높은 만큼 다이아몬드에 얽힌 이야기도 많은데 저주받은 '블루 호프 다이아몬드'가 특히 유명하다. 이 다이아몬드의 소유자들 대다수가 불행한 사건에 휘말려 죽었으며, 현재는 미국 스미소니언 박물관에 보관되어 있다.

당신처럼 계사(癸巳)일에 태어난 분들이 있다

황희(여말 선초 문신, '황희 정승') 1363년 3월 8일

벤자민 프랭클린(미국 정치인, '미국 건국의 아버지') 1706년 1월 17일

루즈벨트(미국 제26대 대통령) 1858년 10월 27일

류영모(개신교 사상가, 〈다석일지〉) 1890년 3월 13일

김소월(일제강점기 시인, 〈진달래꽃〉) 1902년 9월 7일

고대 이집트에서는 생명을 의미하는 문자인 앙크의 중앙에 다이아몬드를 박았고, 고대 인도에서는 위대한 조각상의 눈동자에 다이아몬드를 박았다. 플라톤은 다이아몬드가 천상의 영혼이 구현된 살아 있는 존재라고 말했고, 다이아몬드를 가지고 다니는 자는 위험에 처하지 않는다는 고대 인도의 격언도 있다.

다이아몬드는 인간이 운명을 다스리는 자연의 힘과 인간 사이를 중재하는 주술적인 도구이다. 다이아몬드로 상징되는 재물과 권력, 생명과 사랑이 후광처럼 머무르려면, 다이아몬드를 관장하는 운명의 여신이 얼굴을 돌

려서는 안 된다. 하지만 '저주의 다이아몬드'라고 불리는 다이아몬드들이 역사의 흥망성쇠를 따라 소유자가 바뀌는 것을 보면, 운명의 여신이 영원한 미소를 보내는 인간은 없다는 역사의 진실을 실감한다.

다이아몬드형 인간은 지금 이 순간 최고의 부귀를 누리는 자이다. 그는 인간에게 허락된 모든 좋은 것을 누리고 있다. 하지만 엄밀하게 따져보면 그것은 본래 그의 것이 아니다. 운명의 여신으로부터 잠시 그에게 맡겨진 것일 따름이다. 다이아몬드형 인간이 가져야 할 최고의 덕목은 본래 그의 것이 아닌 영원한 아름다움이 찰나의 시간 동안 자신에게 맡겨졌다는 두려운 진실을 오직 겸손한 마음으로 받아들이는 것이다.

나는 독립된 존재인가? 나는 독립된 존재로 살아갈 수 있을까?
나는 반짝여야 하는데, 그렇지 못하다
마치 네 개의 얼굴을 가진 것처럼 사방을 볼 수 있다
참을성 없고 편협하다가, 돌연 너그럽고 참을성 있게 변한다
부잣집 출신의 불쌍한 소녀

세상의 모든 다이아몬드를 위한 금언(金言)
다이아몬드의 광채를 따라올 보석은 없다.
하지만 그것은 원석의 아름다움과는 거리가 있다.

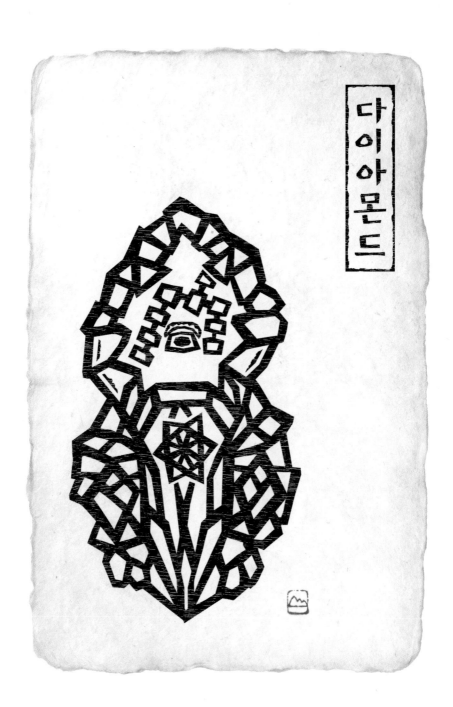

갑오

甲午

여우甲와 말午

숲의 정령 여우는 높은 언덕에서 살며 호랑이가 없는 산중을
잔꾀로 지배한다.
중여름의 에너지를 가지고 있는 말은 양기가 넘쳐서 서서 자며
작은 일에도 즉시 반응하는 하이킥의 왕자다.

두뇌가 비상하고 자존심이 강하며 자신이 최고라는 자만심도 강하다.
어질고 착하며 수단도 좋아서 아랫사람을 잘 챙긴다.
외적으로는 화려하지만 내적으로는 공허하다.
성격이 급해서 결과를 빨리 원하며 끈기가 부족하다.
자신의 재능을 잘 표현하므로 주위에서 일을 잘 맡긴다.

당신은 수소와 닮았다

수소

학명 | 하이드로젠(Hydrogen) (H)

수소는 지구상에 존재하는 가장 가벼운 원소이며, 원자번호 1번에 해당
한다. 수소를 연소시키면 물이 생기는데, 학명인 하이드로젠은 그리스어로
물을 만든다는 뜻이다. 수소는 우주에 가장 흔하게 존재하는 물질이고, 무
색·무취·무미·무독의 비금속성이다. 수소는 가연성이 매우 높은 이원자
(H_2)의 기체이다.

우주에 존재하는 원소의 90퍼센트 이상이 수소이며, 목성 같은 가스형

혹성에는 수소 대기가 많다. 태양계의 중심인 태양도 거대한 수소 덩어리여서, 수소 핵융합을 통해 지구의 생명체에 에너지를 공급한다. 수소는 지구에서는 오히려 흔하지 않은데, 수

소의 압력은 공기 밀도의 14분의 1 정도로 가벼워서 지구의 중력을 벗어나 우주로 나갈 수 있기 때문이다.

당신처럼 갑오(甲午)일에 태어난 분들이 있다

나폴레옹(프랑스 군인, 제1제국의 황제) 1769년 8월 15일

카를 체르니(오스트리아 피아니스트, '피아노 교본'으로 유명함) 1791년 2월 21일

도스토옙스키(러시아 소설가, 〈죄와 벌〉) 1821년 11월 11일

쥘 베른(프랑스 소설가, 〈80일간의 세계일주〉) 1828년 2월 8일

J.R.R.톨킨(영국 작가, 〈반지의 제왕〉) 1892년 1월 3일

앨런 그린스펀(미국 경제학자, 연방준비제도 의장) 1926년 3월 6일

수소형 인간은 세상을 하나의 완전한 통합체로 받아들이는 사람이며, 구분이나 경계 없는 차원 높은 의식으로 모든 존재와 하나가 되는 이상을 실현하고자 한다. 자신이 다른 차원의 세계에 있다는 망상에 빠지고, 그 같은 황홀경 속에서 우주 전체를 움직이는 절대 진리를 추구한다.

수소형 인간의 이상주의는 자칫하면 자신이 믿는 관념적인 가치를 성급하고 독선적인 방식으로 관철하려는 경향으로 치닫는다. 이 같은 경향은 그를 이해할 수 없는 실험에 몰두하는 미치광이 과학자처럼 소통 불능의 고립된 존재로 만들 수도 있다. 수소형 인간은 자신의 이상이 아무리 선하

고 바른 것이라고 해도, 하나의 우주를 함께 살아가는 다른 존재들로부터 충분한 합의를 얻어내지 않는다면 또 하나의 폭력으로 작용할 가능성이 있다는 사실을 받아들여야 한다.

오늘날 수소에 대한 최대의 관심은 미래의 에너지인 수소의 활용 가능성에 대한 것이다. 수소에너지는 석탄이나 석유 같은 자원 에너지가 인류에게 초래한 재앙을 사라지게 할 것인가. 분쟁과 오염으로 만신창이가 된 지구의 현실을 타개하고 새로운 질서를 건설하는 데 수소형 인간의 이상주의가 모종의 역할을 담당할 것인가.

하나가 되기를 원한다
시간이 너무 빨리 흐르고, 시간이 아주 짧게 느껴진다
자신이 신 앞에 있다는, 자신이 다른 차원의 세계에 있다는 느낌
영원히, 전적으로, 완전하게
아름다움과 경이로움을 주는 종교에 매우 끌린다

세상의 모든 수소를 위한 금언(金言)

선구자는 욕망을 버리고 순교자가 되어야 한다.
시간의 흐름에 몸을 던져라, 그리하면 욕망이 사라질 것이다.

수소

133

乙
未

담비乙와 양未

새싹의 정령 담비는 작고 예쁘지만 뭉쳤을 때는 호랑이도 잡는
담력이 있다.
늦여름의 에너지를 가지고 있는 양은 고산의 바위에서 살며 스스로
고난을 즐기는 외로운 협객이다.

어질고 착하며 두뇌가 명석하다.
학문과 예능에 재능이 있다.
까다롭고 신경질적이나 근면하고 성실하다.
현실적인 성향이라 불확실한 것에 모험을 걸지 않는다.
내면의 폭력성이 있어서 술을 마시면 과격해질 수 있다.
타인의 의중을 잘 파악하지만 굳이 맞춰서 행동하지는 않는다.

당신은 참제비고깔과 닮았다

참제비고깔

라이스베인(licebane) 스테이브세이커(stavesacre) 라크스퍼(larkspur) 두
꺼비뿌리(toadroot) 허브 크리스토퍼(herb christopher)
학명 | 델피니움 스타피사그리아(Delphinium staphisagria)

　참제비고깔의 종명인 스타피사그리아는 그리스어로 야생 건포도를 뜻
하는 스타피아에서 유래했는데, 열매의 모습이 까맣고 주름이 많기 때문이
다. 참제비고깔은 식물의 모든 부위에 독성분이 들어있기 때문에 조금이라
도 섭취해서는 안 된다. 치사량을 먹으면 처음에는 흥분했다가 점차 신경

이 마비되고 맥박이 떨어져서 사망한다.

드라큘라의 본고장으로 알려진 트란실바니아의 주민들은 마구간에 말린 참제비고깔을 두어서 가축들이 사악한 술법에 걸리지 않도록 보호했다고 하며, 전갈을 쫓는 데 참제비고깔의 꽃을 사용하기도 했다.

당신처럼 을미(乙未)일에 태어난 분들이 있다

에드거 앨런 포(미국 시인, 〈애너벨 리〉) 1809년 1월 19일

에리히 프롬(독일계 미국 심리학자, 〈소유냐 존재냐〉) 1900년 3월 23일

다이애나 스펜서(영국 전 왕세자비) 1961년 7월 1일

칼 루이스(미국 육상선수) 1961년 7월 1일

안철수(기업인, 정치가) 1962년 2월 26일

브래드 피트(미국 배우, 〈오션스 일레븐〉) 1963년 12월 18일

트로이 전쟁의 영웅 아이아스는 '가장 용감한' 용사에게 수여되는 아킬레우스의 갑옷을 오디세우스에게 빼앗기자 수치심 때문에 자결했다. 이때 아이아스의 피에서 솟아나온 것이 참제비고깔이다. 참제비고깔은 독일에서 '기사의 박차(拍車)'라고 불리는데 원탁의 기사가 추구하는 명예와 자존심이 참제비고깔형 인간의 과제임을 짐작할 수 있다.

참제비고깔의 속명인 델피니움은 돌고래를 뜻하는 그리스어 델핀에서 왔는데, 이 명칭의 유래에는 죽음을 불사하고 돌고래와의 우정을 지킨 한 남자의 사연이 있어서 이 역시 명예를 중시하는 마음과 관련된 것임을 알 수 있다.

'죽음을 불사하고' 어떤 가치를 지켜야 한다는 것은 때로는 강박이나 스

트레스의 근원으로 작용할 수도 있다. 극단적인 상황에서도 자제력을 유지해야 한다는 생각에 사로잡혀 있을 뿐 아니라 자제력을 잃는 것에 대한 두려움마저 있기 때문에, 감정을 억눌러서 생겨난 증상이 마음속에 자리 잡을 수 있기 때문이다. 어찌된 일인지 유독 양들은 참제비고깔의 독에 내성이 있다고 한다. 이것은 양들이 영웅이나 기사와 달리 명예나 자존심에 대하여 알지 못하는 타고난 고집쟁이들이기 때문이 아닐까.

자존심이 세고 명예를 중시한다
너무 고상해서 싸우지 못한다
마지막까지 몰리면 인내심을 잃는다
소심해 보일 수 있다
자제력을 잃는 것에 대한 두려움이 있다

세상의 모든 참제비고깔을 위한 금언(金言)
인격을 지키는 것은 영웅의 일이 아니라 바보의 일이다.
하지만 당신은 멋진 바보가 아닌가.

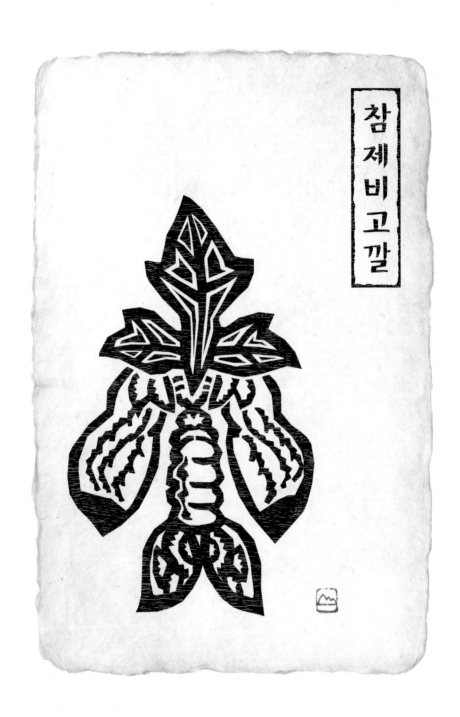

병신

丙申

사슴丙과 원숭이申

태양의 정령 사슴은 스스로 왕을 자처하며 곤룡포를 입고 있다.
초가을의 에너지를 가지고 있는 원숭이는 인간보다 한 끗 부족하나
재주와 유머가 있는 여의봉으로 요술을 부린다.

대인관계가 좋으며 봉사정신이 뛰어나다.
인정이 많으며 풍류를 즐긴다.
활동성이 강하고 타지생활을 할 가능성이 높다.
두뇌 회전이 빠르기 때문에 사업이나 영업에 잘 어울린다.
화려한 것을 좋아하고 실속보다 겉모습을 중시한다.

당신은 실리카와 닮았다

실리카

학명 | 실리콘(Silicon) (Si)

실리콘은 규소와 산소가 결합한 이산화규소(SiO_2)인데, 라틴어로 부싯돌을 뜻하는 실리시스에 금속을 뜻하는 접미사 이움을 붙였다가 나중에 온으로 바꿔서 실리콘이 되었다.

규소는 지각에 산소 다음으로 많이 존재하는 원소인데, 대다수의 규소는 원석 상태에서 가공을 거치지 않고 사용된다. 규산염은 시멘트에서 회반죽이나 벽토로 쓰이고 규사와 섞어서 도로를 만드는 콘크리트로 쓰이며

사기(沙器)의 재료로도 쓰인다.

규소는 보석으로서의 가치
도 높은데, 규소가 산화되어 생
기는 이산화규소는 다양한 형태
의 수정으로 나타난다. 형태가
불순하면 자수정·흑수정으로

나타나고, 결정질이 더 떨어지면 마노·벽옥·오닉스 형태의 수정이 된다.
이산화규소가 수소화되어 뭉치면 오팔이라고 불리는 단백석이 된다.

규소와 산소를 중합체로 결합시키면 실리콘이 나오는데, 이것을 재료로
한 생활용품이 다양하게 제작된다. 규소는 전기 저항과 온도가 반비례하기
때문에 반도체(半導體)의 성질을 보인다. 대부분의 컴퓨터칩과 집적회로는
순수한 규소 결정으로 만들어져서, 반도체 기업이 밀집한 지대를 실리콘
밸리(silicon valley)라고 부른다.

당신처럼 병신(丙申)일에 태어난 분들이 있다

빅토르 위고(프랑스 작가, 〈레미제라블〉) 1802년 2월 26일

빈센트 반 고흐(네덜란드 화가, 〈별이 빛나는 밤〉) 1853년 3월 30일

아인슈타인(미국 이론물리학자, '상대성 이론'을 창시) 1879년 3월 14일

프랑수아 미테랑(프랑스 정치인, 제21대 대통령) 1916년 10월 26일

실리카는 수정이나 부싯돌처럼 결정체로 존재하거나 모래 속의 석영처
럼 비결정체로 존재한다. 단단한 덩어리로 존재할 수도 있고, 부드러운 알
갱이로 존재할 수도 있다. 실리카형 인간은 원칙을 고집하는 융통성 없는
사람처럼 보이지만 의외로 상대방의 눈치를 보는 약한 마음을 가진 사람이
다.

규소는 반도체의 소재로 유명하며, 석영은 뛰어난 도광성(導光性)을 갖고 있어 광섬유로 사용될 뿐 아니라 자외부에서 적외부에 걸쳐 투명하므로 프리즘으로 쓰인다. 실리카형 인간은 투명하고 맑은 마음을 지닌 소통자(communicater)들이다.

실리카형 인간의 성패는 외면의 단단한 틀거리와 내면의 부드러운 내용물이 조화를 이루는 균형 감각을 확보하는 일이다. 균형 감각을 확보하지 못하여 발생하는 부조화와 불안감은 소통자의 역할을 극도로 저해할 것이다. 그들의 인생은 이 같은 균형 감각을 깨닫는 일에 초점이 맞추어져야 한다. 이것이 가능하다면, 그들은 빛나는 개성의 소유자로 만인의 사랑을 받게 될 것이다.

총명한, 지적인, 안목 있는, 통찰력 있는, 정신이 맑은
매우 부서지기 쉬워서 다른 사람들이 그것을 악용한다
부끄럼을 타고 수줍어하고 소심하지만 사랑받고 싶어 한다
단순히 따르지 않고 자신의 관점을 유지한다
매우 유쾌하고 유순하고 친절하지만 내성적이다

세상의 모든 실리카를 위한 금언(金言)

부서지는 것을 두려워하지 말라.
자신의 세계를 부서뜨릴 수 있다면 새로운 세계로
나아갈 수 있을 것이다.

노루丁와 닭酉

달의 정령 노루는 가까이 가면 멀어지는 안개 속의 신비를 지녔다.
중가을의 에너지를 가지고 있는 닭은 온갖 부조리와 악을 파헤치며
먹이를 구하는 강력한 부리를 지녔다.

맑고 명랑하며 총명하고 문장력이 좋다.
누구나 호감이 가는 인상이지만 성격은 차갑고 합리적이다.
타인과 대화할 때 정곡을 찌르는 예리함이 있다.
깔끔함을 추구하고 예술 분야에 일가견이 있다.
남들과 잘 어울리는 끼를 가지고 있고 주위를 기분 좋게 한다.

당신은 뿔소라와 닮았다

뿔소라

뮤렉스(murex) 바위달팽이(rock snail)

학명 | 치코레우스 아시아누스(Chicoreus asianus)

뿔소라는 껍데기가 길쭉하며 세로로 주름이 있고 여러 줄의 가시가 있다. 연홍색을 띠는 바깥의 가장자리에는 톱니 모양의 돌기가 나 있다. 뿔소라류는 껍데기가 특이하게 생겨서 조개껍질 수집가들이나 인테리어 디자이너들에게 인기가 많다.

페니키아인들은 지중해에 사는 뿔소라의 체액으로 '티리언 퍼플'이라는

142

보라색 염료를 만들었다. 티리
언 퍼플은 세계에서 가장 오래
된 염료이지만, 수천 마리의 뿔
소라에서 겨우 몇 그램 정도를
만들 수 있다. 기원전 1500년
무렵의 고대 페니키아인들이 처
음 만들었는데, 페니키아라는 이름도 '보라색이 나는 땅'이라는 뜻이다.

티리언 퍼플은 고귀함의 상징이었다. 뿔소라의 체내에서 투명했던 점액
의 빛깔은 햇빛에 노출되면 하얀색이 되고, 연노랑, 녹색, 청색을 거쳐 자
주색으로 변한다.

소아시아에서는 티리언 퍼플을 거래할 때 은의 수량을 재서 거래할 정
도로 값이 비쌌으며, 로마 원로원의 최고참 의원들은 흰 토가에 티리언 퍼
플 줄무늬를 넣은 옷을 입었다. 비잔틴제국은 티리언 퍼플을 황실의 비단
을 염색할 때만 사용하도록 용도를 제한했다.

당신처럼 정유(丁酉)일에 태어난 분들이 있다

림스키코르사코프(러시아 음악가, 〈왕벌의 비행〉) 1844년 3월 18일

알렉산더 벨(미국 과학자, 전화기 발명) 1847년 3월 3일

마오쩌둥(중국 정치가, '중화인민공화국'을 설립함) 1893년 12월 26일

알바르 알토(핀란드 건축가, '모더니즘의 아버지') 1898년 2월 3일

시진핑(중국 정치인, 국가주석) 1953년 6월 15일

장동건(배우, 〈친구〉) 1972년 3월 7일

러시아의 에르미타시 미술관에는 〈대지와 물의 결합〉이라는 루벤스의
그림이 전시되어 있다. 바다의 신 포세이돈과 땅의 여신 데메테르의 밀회

를 묘사한 그림인데, 포세이돈의 아들 트리톤이 뿔소라를 불고 있다. 뿔소라의 이미지에는 에로티시즘의 환희와 신경증의 불안이 교차한다. 뿔소라형 인간은 달과 금성의 손에 이끌려 바다에서 들려오는 마법의 소리를 듣기도 하지만, 텅 빈 느낌과 함께 우울과 비탄에 사로잡히기도 한다.

오랜 세월에 걸친 끊임없는 변화에 몸을 맡긴 끝에 비할 데 없는 고귀함으로 귀결되는 뿔소라형 인간의 삶의 궤적은 상상할 수 없는 품격을 지닌 것이다. 뿔소라형 인간의 고귀함은 환희와 불안이 교차하는 고통의 과정을 오직 희생과 정화의 마음으로 겪어낸 대가로 주어지는 가치 있는 선물이다.

신경과민의, 활달한, 다정한, 흥분을 잘 하는
달과 금성의 영향을 받는다
모든 것이 균형이 맞지 않는다
억압받는 느낌이 있다
누군가로부터 지지받고 싶어 한다

세상의 모든 뿔소라를 위한 금언(金言)
아름다움이란 종종 신경과민을 불러오는 거역할 수 없는 유혹이다.

뿔소라

무술
戊
戌

표범戊과 개戌

산의 정령 표범은 평상시에는 고양이처럼 순하다가도 순간적으로
돌변하는 정력가이다.
늦가을의 에너지를 가지고 있는 개는 주인에 대한 충성심이 강하며
낮보다 밤을 즐기는 호위무사이다.

신의를 중시하며 매사가 정확하나 독선적인 면이 있다.
타인의 행동을 간섭하는 경향이 있지만 봉사정신이 뛰어나다.
친화력이 좋으며 중후하고 믿음직스럽다.
강인하고 단단하며 출세욕과 명예욕이 강하다.
고집이 세고 자존심이 강하며 남에게 의지하는 것을 좋아하지 않는다.

당신은 찹쌀떡버섯과 닮았다

찹쌀떡버섯

찹쌀떡버섯(paltry puffball) 큰초원먼지버섯(giant pasture puffball) 가
죽먼지버섯(leathery puffball)
학명 | 보비스타 플럼베아(Bovista plumbea)

　　외형이 영락없이 하얀 찹쌀떡을 닮아서 찹쌀떡버섯이란 이름이 붙었다.
모양은 구형이고 표면은 백색이며 흰색 소돌기가 부착되어 있다. 성숙하면
연약한 외피가 벗겨지고 견고한 내피가 나타나서 표면이 황토색으로 변한
다. 찹쌀떡버섯은 여름에서 가을에 걸쳐 초원이나 공터에서 발생하며, 어

릴 때는 독이 없어서 식용이 가
능하다.

서양에서는 이 버섯으로 스
프를 만들어 먹기도 했으며, 아
메리카 원주민들은 식용 외에
도 주술적인 용도와 장식적인
용도, 지혈제로 사용했다. 티베트에서는 이 버섯으로 잉크를 만들어 썼다고
한다.

당신처럼 무술(戊戌)일에 태어난 분들이 있다

여운계(배우, 〈여로〉) 1940년 2월 25일

알 파치노(미국 배우, 〈대부〉) 1940년 4월 25일

에릭 클랩튼(영국 기타리스트) 1945년 3월 30일

정호승(시인, 〈슬픔이 기쁨에게〉) 1950년 1월 3일

박찬욱(영화감독, 〈올드보이〉) 1963년 8월 23일

윌 스미스(미국 배우, 〈맨 인 블랙〉) 1968년 9월 25일

　　북아메리카의 블랙풋 부족은 대초원에 원형으로 모여서 발생하는 찹쌀
떡버섯을 초자연적 현상이 일어났을 때 지구에 떨어진 별이라고 믿었다.
블랙풋 부족의 믿음처럼 찹쌀떡버섯형 인간은 지구별 전체가 자신의 땅이
라는 허황된 믿음을 가진 사람들이다.

　　찹쌀떡버섯은 완전히 성숙하면 꼭대기가 벌어져 으깨지면서 홀씨를 구
름처럼 내뿜는데, 구름 같은 먼지 속에는 수백만 개의 홀씨가 들어 있다.
이런 모습을 본 사람들은 늑대나 여우의 방귀를 뜻하는 라이코페르돈이라
는 별명을 붙여주며 슬그머니 비웃었지만, 찹쌀떡버섯형 인간은 주변 사람

들의 비웃음에 끄떡도 하지 않는 확고한 믿음을 가진 사람들이다. 찹쌀떡 버섯형 인간도 지구별 전체를 자신의 땅으로 만드는 일이 쉽지 않은 일이 라는 걸 안다. 그래서 그는 가끔씩 희망과 절망, 쾌활함과 우울함, 수다스 러움과 넋나감이라는 양극단 사이를 오간다. 하지만 찹쌀떡버섯형 인간이 한없이 명랑한 그의 모습처럼 자신의 믿음을 끝내 저버리지 않는다면, 그 믿음 위에 올라서서 대초원 전체를 자신의 땅으로 만들어버리는 기적을 이 루고야 말 것이다. "믿음이 그대를 구할 것이다." 찹쌀떡버섯형 인간에게 명랑한 목소리로 들려주고픈 말이다.

자신감이 과장되게 부풀려져 실제보다 중요한 사람이 되기를 원한다
만일의 사태에 신경 쓰지 않는 왕처럼 행동한다
희망과 절망이 번갈아 나타난다
정신이 멍하고, 관심을 한곳에 모으는데 어려움이 있다
사물들이 확장되었고 자신이 부어올랐다는 망상

세상의 모든 찹쌀떡버섯을 위한 금언(金言)
온 우주가 당신의 땅이라고 생각하는가?
당신의 생각에 찬 표! 당신이 믿는 대로 이루어질 거야.

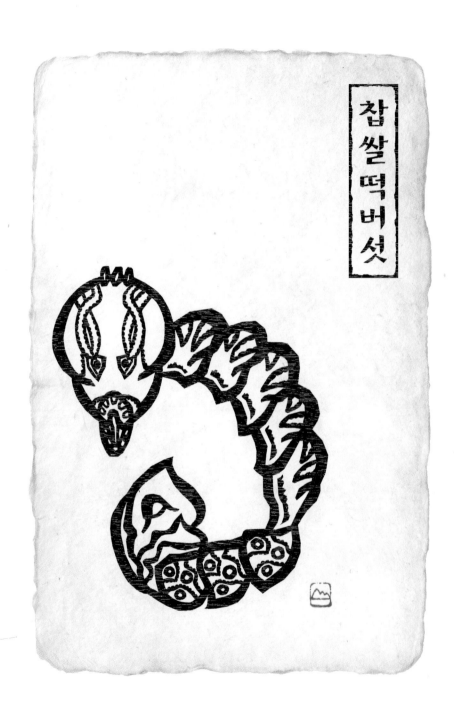

기
해
己
亥

꽃게己와 돼지亥

들의 정령 꽃게는 두 눈을 안테나처럼 높여 좌우를 살피며 옆으로
기는 첩보원의 기질을 가지고 있다.
초겨울의 에너지를 가지고 있는 돼지는 모든 생명의 유전자를
저장할 정도로 욕심이 많으며 만물의 형벌과 독을 해독시키는
능력의 소유자이다.

신용을 중시하며 지혜롭고 포용력이 있다.
언변이 좋고 처세가 좋아 인정을 받으나 속마음을 드러내지 않는다.
변덕이 있는 편이며 겉과 속이 다르다.
바다 건너 해외나 먼 곳을 잘 다닌다.
다정하고 유순하며 이성에게도 마음을 잘 준다.

당신은 노랑전갈과 닮았다

노랑전갈

이집트전갈(egyptian scorpion) 데스스토커(deathstalker) 사막전갈(fat-
tailed scorpion)
학명 | 안드록토누스 아모레욱시 헤브라에우스(Androctonus amoreuxi
hebraeus)

　노랑전갈의 학명인 안드록토누스는 그리스어로 인간을 죽이는 자라는
뜻이다. 주로 아프리카 북동부나 서아시아에 분포하며, 치명적인 신경독을
가지고 있다. 독에 쏘이면 엄청난 통증과 고열을 일으키며 발작과 마비,

혼수상태를 거쳐서 사망에 이른다.

전갈은 살아있는 화석이다. 4억 년 동안 거의 진화하지 않았기 때문이다. 동물 중에서도 가장 신진대사율이 낮은 부류에
속해서, 대다수는 자기가 파놓은 굴에서 일생의 97%를 보낸다. 일부는 일 년 내내 음식을 먹지 않고 살 수 있으며 물도 거의 필요하지 않다.

당신처럼 기해(己亥)일에 태어난 분들이 있다

마리 앙투아네트(프랑스 루이16세의 왕비, 단두대의 이슬로 사라짐) 1755년 11월 2일

서정주(시인, 〈화사집〉) 1915년 5월 18일

존 윌리엄스(미국 작곡가, 〈주라기공원〉의 영화음악) 1932년 2월 8일

가브리엘 마르케스(콜롬비아 소설가, 〈백 년 동안의 고독〉) 1927년 3월 6일

조지 클루니(미국 배우, 〈오션스 일레븐〉) 1961년 5월 6일

이연걸(싱가포르 배우, 〈황비홍〉) 1963년 4월 26일

고대 오리엔트의 바빌론 사람들은 황도 12궁의 전설을 만들어냈는데, 그중에서 가장 강력한 것이 전갈자리다. 군신 미트라가 신성한 황소를 죽여 우주에 생기를 불어넣자 악신 아흐리만이 황소의 고환을 전갈의 침으로 쏘아 생명의 씨앗을 죽음의 독에 감염시킨다. 황소는 봄의 생기를 상징하며, 전갈은 가을의 살기를 상징한다.

이집트신화에는 전갈을 신격화한 치유의 여신 세르케트가 나오고, 죽은 자의 명복을 비는 기도문 〈이집트 사자의 서〉에도 전갈이 등장한다. 생명과 죽음이 하나의 원으로 순환하는 서로 다른 표정이라면, 전갈은 죽음을

불러오는 역할을 맡음과 동시에 죽음을 위로하며 새로운 생명을 예비하는
역할도 맡아야 한다.

노랑전갈형 인간은 메마른 사막 같은 현실에서 죽음을 무릅쓰고 살아
가는 외로운 싸움꾼이다. 그는 인생이라는 싸움에 시종일관 외골수로 몰두
한다. 노랑전갈형 인간은 노랑전갈이 그렇듯이 강인한 골격과 냉정한 카리
스마를 가지고 있다. 하지만 그가 잊지 말아야 할 것은 전갈의 여신 세르
케트가 죽음의 여신임과 동시에 치유의 여신이기도 하다는 사실이다. 만에
하나 이 사실을 잊는다면, 노랑전갈형 인간의 외로운 사투는 헛수고로 끝
나버릴 공산이 크다.

세상에 자신이 홀로 있다는 생각
혼자되지 않기 위해 짝을 찾아야 한다
다른 사람들의 행복이나 고통에 무관심하다
매우 효율적인 일꾼이지만, 보람없는 일로 바쁘다
한 가지 주제에 집중하는 경향이 있다.

세상의 모든 노랑전갈을 위한 금언(金言)
인정사정 보다 보면 절대로 살아남을 수 없어.
하지만 태어난 것도 살아가는 것도 죽는 것도
마음대로 되는 일은 아니잖아.

경자

庚
子

까마귀庚와 쥐子

광석의 정령 까마귀는 은혜와 복수를 반드시 되갚으며 불도저처럼
밀어붙이는 에너자이저이다.
중겨울의 에너지를 가지고 있는 쥐는 들락날락 반복을 잘하며 꾀가
능하고 환락을 즐기는 밤의 황제이다.

의리와 소신이 있으며 결단력이 강하다.
봉사와 희생정신이 있으나 싫은 소리를 듣기 싫어하며 지나친
깔끔을 떤다.
두뇌 회전이 빠르고 자기만의 전문 기술에 재능이 있다.
침착하고 성실한 편이라 사람들의 신뢰를 받는다.
냉정한 판단을 바탕으로 자신의 의견을 날카롭게 표현한다.

당신은 라케시스와 닮았다

라케시스
대서양숲부시마스터(atlantic forest bushmaster) 남미부시마스터(south
american bushmaster) 수루쿠쿠(surucucu)
학명 | 라케시스 무타(Lachesis muta)

대서양숲부시마스터의 학명은 라케시스 무타이다. 여기서 무타는 조용
함을 뜻하는데, 방울뱀처럼 꼬리를 흔들지만 방울이 없어서 소리가 나지
않기 때문이다.

라케시스는 최대 3미터까지 성장한다. 여느 뱀들처럼 난생동물이며, 신

대륙에서 유일하게 알을 낳는 살무사이다. 짝짓기 때를 제외하면 대체로 혼자 살아간다.

라케시스는 킹코브라 다음으로 큰 독사로 유명하다. 인간의 손에 잡히면 성미를 못 견뎌서 오래 살지 못하므로, 독을 쉽게 추출하지는 못한다. 실제 독은 코퍼헤드보다 8배나 강할 정도로 맹독이며, 현재까지 기록된 사망률은 80퍼센트에 달한다.

당신처럼 경자(庚子)일에 태어난 분들이 있다

세종대왕(조선 왕, 한글 창제) 1397년 5월 15일

사카모토 료마(일본 무사, 메이지유신의 토대를 마련함) 1836년 1월 3일

T. S. 엘리엇(미국계 영국 시인, 〈황무지〉) 1888년 9월 26일

드보르작(체코 작곡가, 〈신세계 교향곡〉) 1841년 9월 8일

이주일(희극배우, '코미디의 황제') 1940년 10월 24일

진중권(정치 논객, 〈미학 오디세이〉) 1963년 4월 27일

라케시스는 한마디로 치명적인 독사다. 치명적(致命的)이란 생명을 위협한다는 뜻이다. 라케시스는 운명의 여신 세 자매 중 둘째인데, 운명의 길이를 측정하는 역할을 맡고 있다. 신들조차 운명의 여신을 피할 수는 없으며, 인간은 그녀와 마주치는 순간 죽음에 이르게 된다. 라케시스의 독은 조직을 괴사시키는 위험한 독일뿐 아니라 통각 신경에 영향을 미치는 고통스러운 독이다. 무타 즉 조용하다는 뜻의 학명은 '조용히 죽는다'로 해석되기도 하는데, 운명의 여신 라케시스와 마주치는 순간 조용히 죽는 것 말고는

다른 방법이 없기 때문이다.

운명의 여신 라케시스의 곁으로 가보자. 인간의 수명의 길이를 결정하는 그녀의 연기하는 듯하며 무언가를 보여주려는 듯한 태도에 시선이 꽂힌다. 다른 자의 생명을 손아귀에 쥔 그녀의 카리스마에 매혹당하는 것도 무리는 아니다.

라케시스형 인간은 그 정도에 만족하지 않는다. 그의 마음속에는 비교당하는 것조차 참지 못하는 극심한 경쟁심이 도사리고 있다. 모든 인간을 무릎 꿇리는 운명의 여신이 치명적인 마음의 독으로 살해당할 지경인 것이다. 운명의 여신에게는 이 같은 역설을 넘어 초월의 경지로 가야 할 자기 몫의 독배가 주어진다. 이것을 조용히 받아들여야 하는 사명은 죽음을 조용히 받아들여야 하는 모든 인간의 숙명보다 어려운 일일지 모른다. 교만이라는 마음의 독은 라케시스형 인간이 넘어야 할 치명적인 독이다.

관심을 받으려는 엄청난 욕구가 있다
지나친 흥분으로 인해 출구가 필요하다
생명력이 매우 강하다
황홀감, 예언, 명상, 예지력, 카리스마 있는
거울아 거울아, 모든 사람들 중에서 누가 가장 예쁘니?

세상의 모든 라케시스를 위한 금언(金言)
당신이 독니로 자신의 가슴을 물어뜯는 독사라면
올바른 독(毒) 사용설명서를 다시 읽어보라.
독은 무엇보다 자신을 지키기 위한 것이므로.

라케시스

꿩辛과 소丑

보석의 정령 꿩은 질병과 불의를 보면 반드시 고치려고 하는 정의의
해결사이다.
늦겨울의 에너지를 가지고 있는 소는 생각이 깊고 오랫동안
되새김질을 하며 앞을 향해 묵묵히 걷는 침묵의 수행자이지만
욱하면 뿔로 받는 성질이 있다.

정의감이 강하고 시비를 확실히 가린다.
성격이 예민하고 날카로우며 영감과 직관력이 있다.
생각이 많고 비판적이며 의심이 많다.
승부욕이 강하고 자존심에 금이 가는 것을 싫어한다.
목표하는 것을 끝까지 추진한다.

당신은 벌새와 닮았다

벌새
적갈꼬리벌새(rufous-tailed hummingbird) 검은꼬리벌새(dusky-tailed
hummingbird)
학명 | 아마질리아 차카틀(Amazilia tzacatl)

벌새는 신대륙에만 서식하며 멕시코와 베네수엘라에 주로 분포한다. 몸
길이는 10센티미터에 불과해 세상에서 가장 작은 새다. 목덜미는 녹색을
띠고, 머리와 등은 빛바랜 금색을 띤다. 배는 창백한 회색이고 둔부와 꼬리
는 붉은색을 띠며, 직선형의 부리는 붉은색이고 끝부분만 검은색을 띤다.

번식할 때는 암컷이 혼자서 둥지를 짓고, 알을 품으면 2~3주 후에 부화한다. 1~6센티미터 높이의 나뭇가지에 둥지를 짓고, 알은 2개씩 낳는다. 주로 꽃의 꿀을 빨아먹지만, 단백질  섭취가 필요할 때는 작은 곤충을 잡아먹기도 한다.

겉으로 보이는 이미지와 달리 자기 영역을 지키는 기질이 강해서 다른 벌새나 꿀벌, 나방 같은 동물들이 주변에 보이면 매섭게 쫓아낸다. 남미 일부 국가에서는 벌새가 그려진 우표가 발매되었다.

당신처럼 신축(辛丑)일에 태어난 분들이 있다

송시열(조선 성리학자, 주자학의 대가) 1607년 12월 30일

허먼 멜빌(미국 소설가, 〈모비딕〉) 1819년 8월 1일

오지명(배우, 〈순풍 산부인과〉) 1939년 3월 5일

김태희(배우, 〈아이리스〉) 1980년 3월 29일

벌새는 세상에서 가장 아름다운 새다. 벌새가 꽃에 얼굴을 대고 꿀을 빨아먹는 모습은 자연이 만들어낸 신비로운 정물화처럼 보인다. 벌새는 날기의 명수이기도 해서 빠른 날갯짓으로 장시간 정지비행을 할 뿐 아니라 전후좌우로도 날기 때문에, 드론을 능가하는 비행 실력을 지녔다.

아름다운 공생 관계인 벌새와 꽃은 함께 손잡고 진화했다. 벌새는 꽃을 닮아 작아지고 아름다워지고 정지한 상태로 날게 되었으며, 꽃은 벌새를 유혹하기 위해 보다 많은 양의 꿀을 마련하고 벌새의 날개를 닮은 꽃잎으로 변해갔다. 공생의 속내를 들여다보자. 벌새의 입장에서는 꿀이 필요하

며, 꽃의 입장에서는 꽃가루 수정이 필요하다. 단순명쾌하게 이것이 목적이다.

벌새형 인간은 아름다움을 추구한다. 벌새가 꽃이 흐드러진 자신의 영역을 앙칼지게 지키는 텃세를 부리거나 알과 새끼를 보호하기 위해 둥지를 고수하듯이, 벌새형 인간도 집과 가족에 집착하면서 낯선 사람을 의심하고 경계한다.

벌새가 그렇듯이 벌새형 인간이 아름다움에 끌리는 까닭은 현실적인 이해관계 때문이다. 벌새형 인간은 한마디로 재물에 관심이 많다. 하지만 벌새가 자신의 둥지를 장식하는 흔치 않은 동물이듯이, 벌새형 인간도 아름다움을 실리 이상으로 추구하며 취향을 중시하는 풍류인의 기질을 가졌다.

가족과 가정이 가장 중요하다
의심이 많은, 낯선 사람을 경계하는
사소한 사항들에 몹시 주의를 기울인다
질서 정연함에 대한 필요를 느낀다
잘 잊어버리는, 건망증이 심한

세상의 모든 벌새를 위한 금언(金言)

아무도 당신을 넘보지 않아요.
화내지 말아요, 화는 당신을 태우는 불꽃이에요.

제비壬와 호랑이寅

바다의 정령 제비는 바다 건너 강남까지 갔다가 다시 돌아오는
회귀성을 지녔다.
초봄의 에너지를 가지고 있는 호랑이는 빠르고 힘찬 지상 최고의
권력자이다.

지혜롭고 총명하며 희생과 봉사정신이 뛰어나지만 속마음을
드러내지 않는다.
식탐이 많고 음식 솜씨에도 일가견이 있으며 풍류를 즐긴다.
표현력이 뛰어나고 막힘없이 시원시원하다.
꿈과 이상이 높으며 약간의 허세도 있다.

壬
寅

당신은 꽃아카시아와 닮았다

꽃아카시아

로비니아(robinia) 모스로커스트(moss locust) 개아카시아(false acacia)
학명 | 로비니아 슈도아카시아(Robinia pseudoacacia)

콩과 식물인 꽃아카시아의 이름은 로비니아로 꽃아카시아를 유럽에 도
입한 프랑스 왕실정원사 로빈의 이름에서 유래했다. 꽃아카시아는 멕시코
를 제외한 북미 전역에서 서식한다. 최대 25미터까지 자라는 교목이며, 나
무의 잎은 한 줄기에 여러 개가 깃털처럼 달리는 깃꼴 겹잎이다. 가시가 난
새순이 돋는 경우가 많으며, 일부 새순에서는 끈끈한 털도 난다. 꽃은 흰색

이나 분홍색을 띠며 아래로 늘
어진 총상꽃차례를 하고 있다.

꽃아카시아에 속하는 종들
은 꽃을 제외한 모든 부위에서
독을 분비하는데, 이 독은 과다
섭취하면 구토나 설사를 유발한
다. 꽃아카시아 나무들 중 일부는 밤색꼬리나방, 큰표범나비 등 나비류 유
충의 먹이가 되기도 한다.

아메리카의 체로키 인디언들은 꽃아카시아의 뿌리를 치통약으로 쓰고,
소들에게 강장제로 먹였으며, 울타리나 집을 짓고 활을 만드는 데 목재를
사용했다. 일제강점기에 미국에서 도입해서 국내에 널리 식재하는 아까시
나무도 같은 속인데, 이 나무에는 꿀이 엄청나게 많아서 한국 양봉 생산량
의 70퍼센트 이상을 차지한다.

당신처럼 임인(壬寅)일에 태어난 분들이 있다
후쿠자와 유키치(일본 계몽사상가, 〈서양사정〉) 1835년 1월 10일

박목월(시인, 〈나그네〉) 1916년 1월 6일

폴 메카트니(영국 가수, 비틀즈 멤버) 1942년 6월 18일

무라카미 하루키(일본 작가, 〈상실의 시대〉) 1949년 1월 12일

허영호(산악인) 1954년 4월 16일

톰 크루즈(미국 배우, 〈미션 임파서블〉) 1962년 7월 3일

댄 브라운(미국 소설가, 〈다빈치 코드〉) 1964년 6월 22일

꽃아가시아는 한국에서는 '가시가 많다'는 뜻이 합해져서 아까시나무라
고 불린다. 아까시나무는 흐드러진 향기를 가진 꽃무더기와 달콤한 꿀의

원천이지만, 가시가 있고 지나칠 정도로 번식력이 강한 나무로 알려졌다.

　꽃아카시아는 뿌리혹에 질소를 고정시키는 콩과식물의 능력 때문에 척박한 토양에서도 잘 자라는 반면, 어두운 숲에서 번식하는 내음성(耐陰性)은 상대적으로 약하다. 황무지를 빠른 기간에 녹화하는 식재로는 적합하지만 안정된 숲에서는 점차 밀려난다. 꽃아카시아형 인간은 레드오션에서 입지를 넓혀가기보다는 블루오션에서 두각을 드러내는 타입인데, 뿌리가 약하고 깊지 못해서 쉽사리 넘어갈 뿐 아니라 수명이 길지 못하다는 약점이 있다.

　꽃아카시아형 인간의 아킬레스건은 호기 넘치는 개척정신의 안쪽에 자리 잡은 불안을 다스리고 안정감을 확보하는 것이다.

　　머리가 끓는 물로 가득찬
　　검고 어두운 모든 것에 대한 혐오감
　　명예 추구에 대한 불안, 과도한 자존심
　　오만한, 자신이 황제보다 낫다고 생각하는
　　간헐적으로 나타나는, 분열되는 듯한 위기감

세상의 모든 꽃아카시아를 위한 금언(金言)
불길한 느낌을 떨쳐버려요.
낮은 곳으로 미끄러지는 건 불길해서가 아니에요.
낮은 자리야말로 높은 자리로 뛰어오르는 출발점이거든요.

꽃아카시아

계묘

癸卯

박쥐癸와 토끼卯

냇물의 정령 박쥐는 낮과 밤이 바뀌고 천장에 매달려 사물을
거꾸로 보며 새로운 일의 시작을 도모하는 창의성을 지녔다.
중봄의 에너지를 가지고 있는 토끼는 귀엽고 섹시하며 멋을 부린다.

지혜롭고 총명하며 자존심이 강하고 고집이 있다.
예능과 음식에 솜씨가 있으며 정직하고 낭만적이다.
집중력이 좋고 한 우물을 파는 성향이 강하지만 결단력이 부족하다.
본성은 선하지만 욱하거나 사납게 돌변할 가능성이 있다.
책임감이 강하고 일처리를 잘해서 상급자의 신뢰를 받는다.

당신은 큰뿔부엉이와 닮았다

큰뿔부엉이

큰뿔부엉이(great horned owl) 호랑이부엉이(tiger owl) 큰부엉이(hoot
owl)

학명 | 부보 버지니아누스(Bubo virginianus)

머리 위에 깃털이 뿔처럼 솟은 큰뿔부엉이는 아메리카 대륙에 서식하
며, 날개를 펼치면 최대 1.5미터에 달한다. 하체는 연갈색에 가로로 줄무늬
가 있고, 상체는 어두운 색깔의 얼룩이 있다. 위장에 적합한 몸 색깔을 가
지고 있으며, 얼굴 앞쪽이 오목하게 들어가서 소리를 잘 듣는다.

큰뿔부엉이는 일부일처제를 엄격하게 유지한다. 수컷은 울음소리를 내며 위로 상체를 구부리고 목을 부풀려 구애를 한다. 둥지는 직접 짓지 않고, 다른 새가 쓰던 둥지를 차지하거나 나무 구멍을 쓴다.  설치류와 토끼류를 먹지만 조류, 양서류, 파충류 등 크기에서 압도하는 것들은 다 먹는다. 먹이를 통째로 삼키기도 하는데, 나중에 뼈를 자동으로 게워서 뱉는다. 큰 사냥감을 잡으면 머리를 잘라버리고 둥지로 가져간다.

큰뿔부엉이는 눈을 움직이지 않는 대신 머리를 270도까지 돌릴 수 있다. 북미의 큰뿔부엉이는 텃새라서 한곳에 눌러 살고, 연중 가장 일찍 둥지를 트는 새 가운데 하나이다. 야행성이라서 활동시간은 밤에서 아침까지 8시간 가량 지속된다.

당신처럼 계묘(癸卯)일에 태어난 분들이 있다

칸트(독일 철학자, 〈순수이성비판〉) 1724년 4월 22일

베토벤(독일 작곡가, 〈영웅교향곡〉) 1770년 12월 17일

루이스 캐롤(영국 작가, 〈이상한 나라의 앨리스〉) 1832년 1월 27일

스티븐 킹(미국 소설가, 〈쇼생크 탈출〉) 1947년 9월 21일

박진영(가수, 연예기획자) 1972년 1월 13일

부엉이는 그리스신화에서 지혜와 전쟁의 여신 아테나의 새이며, 인도 신화에서는 부(富)와 번영의 여신 락씨미의 새이다. 중국에서는 흉조로 꼽혀서 죄인을 효수한다는 표현이나 사납고 용맹스러운 인물을 가리키는 효

웅이라는 표현처럼 올빼미 효자(梟)가 부정적인 이미지로 사용된다.

부엉이는 강력한 암살자인 동시에 탐욕스러운 포식자이다. 그의 행동 전략은 스텔스 앤 서프라이즈(Stealth & Surprise)이며 구체적인 전술로는 어둠을 응시하는 커다란 눈, 자유자재로 돌아가는 튼튼한 목, 소리 나지 않는 재빠른 날갯짓이 있다.

큰뿔부엉이형 인간의 능력은 부엉이의 머리에 솟은 뿔 모양의 깃털처럼 독보적으로 획득하는 재물 또는 부와 관련된다. 하지만 부엉이의 성스러운 이미지를 따르는 불길한 이미지처럼 선민의식에 사로잡힌 탐욕으로 귀결될 경우 풍요는 번영 대신 몰락으로 끝날 수도 있다. 미네르바의 어깨에 앉은 부엉이는 우리에게 자신의 내면을 들여다보는 가치 있는 교훈을 선물한다.

목이 머리에 달라붙었다는 망상
모든 곳에서 무슨 일이 일어나는지 다 알아야 한다
사람들로부터 떨어져 있는, 집단과 연루되고 싶어 하지 않는
내면의 지혜와 진리는 매우 중요하다
게걸스러운 식욕
아주 작은 소음에도 민감하다

세상의 모든 큰뿔부엉이를 위한 금언(金言)
최고의 지혜는 세상을 다스리는 것이 지혜가 아니라는 깨달음이다.
지혜는 즐거움이다.

큰뿔부엉이

갑진

갑진

甲
辰

여우甲와 용辰

숲의 정령 여우는 높은 언덕에서 살며 호랑이가 없는 산중을
잔꾀로 지배한다.
늦봄의 에너지를 가지고 있는 용은 적군과 아군을 구분하며
적을 단숨에 섬멸하는 냉정한 절대자이다.

온순하고 착하지만 고집이 있으며 총명한 두뇌와 손재주가 있다.
직관력과 예지력이 있으나 인내심이 적다.
추진력이 강하고 행동반경이 크며 우두머리가 되고자 한다.
남의 간섭을 받아들이지 않고 타협하지 않으며 독선적이다.
투기성 있는 사업에 관심이 많으며 재물을 쌓는 재주가 있다.

당신은 볼파이톤과 닮았다

볼파이톤

볼비단구렁이(ball python) 왕비단구렁이(royal python)
학명 | 파이톤 레기우스(Python regius)

비단구렁이로 알려진 볼파이톤의 학명은 파이톤 레기우스이다. 파이톤
은 그리스신화에서 아폴론의 화살에 맞아죽은 거대한 뱀괴수의 이름이고,
레기우스는 라틴어로 로열(royal)을 의미한다. 독이 없는 대신 쥐 등의 포
유류나 새를 통째로 삼키며, 위협받으면 온몸을 말아서 공처럼 만든다. 볼
(ball)파이톤이라는 이름도 이런 행위에서 비롯된 것이다.

볼파이톤은 주로 아프리카 중서부에 서식하며, 몸이 다부지고 머리는 상대적으로 작다. 비늘은 부드럽고 몸은 흑갈색과 황금색이 섞여 있으며, 배는 흰색 바탕에 검은 점들로 이루어  졌다. 수명은 20~30년이지만 길들여지면 45년까지 산다. 길이는 1~1.5미터정도인데 비단뱀 치고는 짧은 편이다.

당신처럼 갑진(甲辰)일에 태어난 분들이 있다

샬롯 브론테(영국 소설가, 〈제인 에어〉) 1816년 4월 21일

베르톨트 브레히트(독일 극작가, 〈서푼짜리 오페라〉) 1898년 2월 10일

레너드 번스타인(미국 지휘자, '뉴욕 필하모닉' 감독) 1918년 8월 25일

제임스 카메론(캐나다 영화감독, 〈터미네이터〉) 1954년 8월 16일

장미희(배우, 〈적도의 꽃〉) 1958년 1월 27일

볼파이톤은 서아프리카 원산의 비단구렁이다. 나이지리아 동남부의 이그보부족은 볼파이톤을 '대지의 상징'이라 하여 귀하게 여겼고, 아프리카의 추장들은 볼파이톤을 목에 감는 장신구로 사용하여 '로열파이톤'이라는 별명이 붙었다. 파이톤 즉 구렁이는 그리스신화에서 땅의 여신 가이아의 아들로 여겨졌을 뿐 아니라, 한국의 전통적 설화에서도 집과 터를 지키는 상서로운 화신으로 받들어졌다.

볼파이톤은 순하고 기르기가 쉬워서 현대에는 인기 있는 애완동물의 자리를 차지하고 있다. 볼파이톤이 누리는 인기와 호감의 비결은 독이 없다는 점과 비단구렁이 가운데 가장 작고 온순하다는 점, 스트레스를 받을 때

몸을 공처럼 말고 머리를 가운데로 집어넣는 모습이 귀엽고 재미있다는 점에 있다.

볼파이톤은 애완동물로 길러질 경우 40년은 무난히 산다. 하지만 야생성을 탈피하여 인간적인 환경에 적응하는 것이 언제나 성공적이지는 않다. 볼파이톤형 인간은 주변과의 상호 결속을 거듭 확인하면서도, 자신이 야생에서 먹잇감을 목 졸라 죽였듯이 주변인에 의해 질식당할지도 모른다는 압박감에서 벗어나지 못한다. 타고난 야생성을 잊기 위해 애쓰면서도 야생성을 잊어서는 안된다고 다짐하는 이중성이야말로 볼파이톤형 인간을 괴롭히는 영원한 과제이다.

가족에 의해 버려지고 배신당했다
질식당할 것 같다는 생각이 든다
다른 사람의 짐을 자신이 져야 한다
다른 성(性)에게 이용당하는
깊고 끔찍한 우울증

세상의 모든 볼파이톤을 위한 금언(金言)

조물주의 실수는 당신에게 독 대신 동그란 마음을 주신 것이다.
분노가 밀려오면 동그라미 속으로 들어가 외쳐라.
"나쁜 놈!" 그러고 나면 속이 시원해질 것이다.

담비乙와 뱀巳

새싹의 정령 담비는 작고 예쁘지만 뭉쳤을 때는 호랑이도 잡는 담력이 있다.
초여름의 에너지를 가지고 있는 뱀은 강력한 독이빨과 다리 없이도 달릴 수 있는 용의 기상을 가진 살벌한 권력자이다.

어질고 착하지만 허영심이 있고 유행에 민감하다.
처세술이 뛰어나고 대인관계가 부드럽다.
세상에 대한 호기심이 많고 예술적 재능이 있다.
자신의 신념을 지키며 부당한 점을 보면 소신 발언을 한다.
표현력이 좋으며 타인에게 주목받고 싶은 심리가 강하다.

당신은 연지벌레와 닮았다

연지벌레

코치닐(cochineal) 연지벌레(cochineal insect)
학명 | 닥틸로피우스 코쿠스(Dactylopius coccus)

연지벌레는 노린재목에 속하는 곤충으로 진딧물, 매미 등과 먼 친척이다. 연지벌레는 선인장을 먹고 살기 때문에 선인장이 많이 분포하는 멕시코나 남미 지역에 서식한다. 연지벌레는 인류의 역사와 문화에서 중요한 역할을 해왔는데, 이 벌레 특유의 빨간색 물질을 염료로 사용하기 때문이다. 연지벌레를 말려서 죽인 다음 농축시키고 증류시켜서 색소를 짜낸다. 염료 1

킬로그램을 만들려면 8만~10만 마리의 벌레가 필요하다.

코치닐 염료는 아즈텍과 마야 문명 때부터 사용되었다. 스페인이 아즈텍을 정복한 후에는 유럽으로 수출되었으며, 한동안 멕시코에서 두 번째로 중요한 수출품이었다. 19세기 중엽부터 다른 인공염료들이 개발되면서 수요가 급감했고, 주요산업이었던 스페인에서는 생산 자체가 중단될 뻔했다. 근래에는 인공 적색염료들에서 발암물질이 발견되면서 다시 가치가 오르고 있다.

당신처럼 을사(乙巳)일에 태어난 분들이 있다

슈베르트(오스트리아 작곡가, '가곡의 왕') 1797년 1월 31일

멘델(오스트리아 식물학자, '멘델의 법칙') 1822년 7월 20일

조세희(소설가, 〈난장이가 쏘아올린 작은 공〉) 1942년 8월 20일

이수만(기업인, 'SM엔터테인먼트' 대표) 1952년 6월 18일

존 트라볼타(미국 배우, 〈토요일 밤의 열기〉) 1954년 2월 18일

엄홍길(산악인, 히말라야 등정) 1960년 9월 14일

연지벌레는 속명인 코치닐의 어원에 주홍색이라는 뜻이 있고, 우리말 속명인 연지벌레 역시 진홍색의 입술연지에서 유래했다. 코치닐 색소는 연지벌레가 분비하는 카민산을 가공한 염료인데, 포식자로부터 자신을 지키는 물질이 인간이라는 새로운 포식자를 만들어내어 자신의 생명을 사육당하는 부조리가 발생했다.

코치닐 염료의 생산은 마야 문명에서 시작되어 스페인으로 이어지는 제

국주의 시대에 본격적으로 진행되었는데, 이 과정에서 획득되는 재화가 연지벌레와 선인장의 관계를 바꾸어 놓기에 이르렀다. 코치닐 염료를 생산하기 위해 선인장을 대량으로 재배하는 일이 드물지 않게 된 것이다.

연지벌레형 인간은 활발하고 생명력이 강하며, 타인을 활용하고 타인에게 활용당하는 역학관계에 유연하게 대응한다. 이 같은 과정의 스트레스는 그에게 극도의 과민함과 짜증을 불러온다. 하지만 어떤 경우에도 생명력과 동시에 내면의 불안은 수그러들지 않는다. 선인장에 가득 달라붙은 연지벌레를 하나씩 떼어내는 플랜테이션 농부의 힘겨운 노동처럼 연지벌레형 인간의 생애는 수고로움을 통해 값비싼 대가를 수확하는 분주한 풍경으로 전개될 것이다.

참을 수 없는 몸 안의 간지러움
갑작스러운 과민반응
정신이 명료하고 쾌활하고 말이 많고 아이디어가 풍부하다
계속되는 간지러움과 목이 메는 기침
닿는 것에 극도로 예민하다

세상의 모든 연지벌레를 위한 금언(金言)
쾌락을 두려워하지 않는다.
금욕주의 역시 쾌락을 오랫동안 지속시키는 방법이므로.

사슴丙과 말午

태양의 정령 사슴은 스스로 왕을 자처하며 곤룡포를 입고 있다.
중여름의 에너지를 가지고 있는 말은 양기가 넘쳐서 서서 자며
작은 일에도 즉시 반응하는 하이킥의 왕자다.

예의 바르고 명랑하며 호탕하고 개성적이다.
고집이 세고 독립심이 강하며 타인에게 의지하지 않으려고 한다.
솔직 담백하고 승부욕이 강하다.
감정을 즉각적으로 꾸밈없이 표출한다.
호방한 성격이며 의욕이 많고 진취적이다.
화려한 겉모습에 비해 실속은 부족한 편이다.

당신은 해마와 닮았다

해마

노란해마(yellow seahorse) 점박이해마(spotted seahorse) 하구해마
(estuary seahorse)
학명 | 히포캄푸스 쿠다(Hippocampus kuda)

　해마의 속명은 히포캄푸스로, 그리스어로 히포는 말을 뜻하고 캄푸스는
바다괴물을 뜻한다. 대서양을 제외한 전 세계 해양에 서식한다. 최대 30센
티미터까지 성장하고, 등뼈가 없으며 머리가 몸에 비해 크다. 다른 물고기
들처럼 몸을 납작하게 엎드리지 않고 빳빳하게 서기 때문에, 등지느러미를

떨며 물을 헤쳐 나가고 꼬리로 방향을 잡는
다.

해마는 암컷이 수컷의 육아주머니에 알을
낳으면 수컷이 부화시키는 특이한 번식구조를
가지고 있다. 새끼는 주머니에서 나가면 바
로 독립해서 살아간다. 육식성이라서 작은 갑
각류나 플랑크톤을 대롱처럼 생긴 입으로 빨
아먹는다. 해마는 몸에 뼈가 많고 소화시키기
어렵기 때문에, 게를 제외하면 천적이 거의
없다. 인도네시아나 뉴기니 등지에서 비교적
쉽게 볼 수 있다.

당신처럼 병오(丙午)일에 태어난 분들이 있다

마키아벨리(이탈리아 정치사상가, 〈군주론〉) 1469년 5월 3일

엥겔스(독일 사회주의 사상가, 마르크스주의 창시) 1820년 11월 28일

윤동주(시인, 〈별 헤는 밤〉) 1917년 12월 30일

장준하(언론인, 〈사상계〉 창간) 1918년 8월 27일

그리스신화에서 해마는 포세이돈이 타는 황금마차를 끄는 바다의 말로
등장한다. 고대 유럽에서는 해마가 죽은 선원의 영혼을 지하세계로 안내한
다고 믿었고, 사람을 익사시키는 물귀신이라고도 믿었다. 이처럼 해마는
바다 저편에 속하거나 저승 저편에 속한 존재였지만, 지느러미도 없고 수
영도 못하기 때문에 바다에 속한 존재라고 보기에는 어울리지 않는 느낌이
있다.

해마와 명칭과 형태가 똑같은 인간 뇌의 기관은 장기기억과 공간개념,

감정적인 행동을 조절하는 역할을 하므로, 해마형 인간 역시 이런 측면에 민감한 존재일 것이다. 지느러미 대신 꼬리로 산호초를 붙잡고 물에 떠다니며, 물의 흐름을 타는 유체공학적인 머리를 지니고 있으며, 교미하기 직전에 한 쌍의 암수가 춤을 추는 등의 색다른 생태가 이 같은 추측의 증거이다.

해마형 인간은 삶의 흐름을 춤추듯이 이해하는 존재이며, 이것은 그에게 다른 차원의 현실을 살아가는 느낌, 환희에 찬 고독의 느낌을 선물한다. 암컷이 낳은 알을 수컷의 배에서 양육하는 특별한 경험을 통해 음양의 역할이 조화롭게 통합된 삶의 방식을 이해하는 해마를 닮은 인간들은 그렇지 못한 주변의 현실과 고통스러운 부조화를 경험할 것이다. 물론 그것은 결단코 해마형 인간 자신의 문제는 아니지만.

고독을 원한다

자유롭기를 원한다

내 동굴 안으로 숨는다

어두운 상태에서 환한 색으로 장면이 바뀌는 꿈

주변에서 무슨 일이 일어나는지 알면서도, 그 자리에 없는 듯한 느낌

세상의 모든 해마를 위한 금언(金言)
사랑의 끝은 어디일까. 사랑의 정점에서도 그곳을 꿈꾼다.
비너스는 바다의 물거품에서 탄생했지.
사랑이 물거품으로 끝나는 것도 그래서일까.

해
마

노루丁와 양未

丁
未

달의 정령 노루는 가까이 가면 멀어지는 안개속의 신비를 지녔다.
늦여름의 에너지를 가지고 있는 양은 고산의 바위에서 살며
스스로 고난을 즐기는 외로운 협객이다.

예의 바르고 활달하고 명랑하나 다소 성급한 성격이다.
화술이 뛰어나고 사교적이며 두뇌 회전이 빠르고 승부욕이 강하다.
열정이 많지만 쉽게 흥분하거나 가라앉는다.
첫인상은 조용해보이지만 알고 보면 성격이 괄괄하다.
솔직하고 밝으며 일처리를 즉흥적으로 한다.

당신은 불개미와 닮았다

불개미

붉은숲개미(red wood ant) 남부붉은숲개미(southern red wood ant) 말
개미(horse ant)

학명 | 포르미카 루파(Formica rufa)

불개미의 학명은 포르미카 루파로, 속명인 포르미카는 라틴어로 개미를
뜻한다. 불개미는 유럽 전역에 분포하며, 머리는 붉은색과 갈색을 띠고 머
리와 가운데 가슴, 등판 뒤쪽에는 검은 점이 있다. 수컷과 여왕개미는 일개
미보다 크고 날개도 있지만, 여왕개미는 15~20년을 살고 수컷은 한 달도

생존하지 못한다.

불개미들은 주로 진딧물의 단물을 먹지만 다른 곤충이나 절지동물을 사냥하기도 한다. 불개미집은 나뭇잎과 가지들로 만들어져 언덕을 이룬다. 최대  백 마리의 여왕개미들이 살며, 일개미들의 수는 십 만 마리에서 사십 만 마리에 육박한다. 먹이를 찾으러 나가는 행렬이 백 미터가 넘어갈 때도 있다.

개미집은 여왕이 살아 있는 한 계속 유지되기 때문에, 여러 마리의 여왕 개미가 통치하거나 후손이 물려받는 식으로 수십 년간 존속된다. 증식 속도가 상당히 빠르며, 개미집이 커지고 오래될수록 개미들의 평균 수명이 높다. 개미집이 커지면 옆으로 옮겨가서 새로운 군락을 형성하는 식으로 증식한다.

당신처럼 정미(丁未)일에 태어난 분들이 있다

율곡 이이(조선 성리학자, 〈격몽요결〉) 1536년 12월 26일

루소(프랑스 계몽주의 철학자, 〈사회계약론〉) 1712년 6월 28일

페스탈로치(스위스 교육학자, '어린이 교육'의 초석을 놓음) 1744년 1월 12일

데츠카 오사무(일본 만화가, 〈우주소년 아톰〉) 1928년 11월 3일

박지성(축수선수, 맨체스터 유나이티드) 1981년 3월 30일

개미는 혼자 살지 못한다. 인간도 혼자 살지 못한다. 북미 원주민 설화에서 개미가 '최초의 동물'로 여겨지거나 아프리카에서 개미가 '신의 전령'으로 여겨지는 것도, 혼자 살지 못하고 사회를 이루며 살아가는 개미의 모습이 비슷한 처지의 인간에게 유달리 눈에 띄었기 때문이다. 코란에는 어

떤 개미가 다른 개미에게 행군하는 군사들에게 밟히지 말라고 경고하는 말을 들었다는 신비로운 일화가 나온다.

'사회적 곤충'인 개미는 페로몬이라는 화학 물질을 분비하여 짝짓기나 길찾기뿐 아니라 사회생활을 하는데 필요한 의사소통을 한다. 수십 만 마리의 일개미와 병정개미가 백여 마리의 여왕개미를 받들고 철저한 위계질서를 유지하며 살아가는 개미 사회의 스트레스는 만만치 않을 것으로 보인다.

몸무게의 6퍼센트에 달하는 무거운 뇌를 가지고 몸무게의 20배까지 들어 올리며 먹잇감을 날라야 하는 개미들의 삶의 무게는 우리가 상상하는 것 이상일 것이다. 개미가 방어용으로 배에서 내뿜는 독성의 개미산은 불개미과에서만 발견되는데 이것은 불개미가 겪는 스트레스가 모든 종류의 개미들을 대표하는 최고 수준의 것임을 말해주는 증거이다.

무섭고 슬픈 이야기들이 심각하게 영향을 미친다
기분이 잘 변하고 변덕스럽다
정신적인 일을 하는 것을 싫어하고, 틀에 박힌 일을 좋아한다
인생은 짐이다
멍하고 졸린 느낌이 있다
개미는 신중하고 훌륭한 계획자이다

세상의 모든 불개미를 위한 금언(金言)

잊어야 할 것은 잊어야 해요.
당신의 계획이 자꾸만 무너지는 까닭은
잊어야 할 것을 잊지 못하기 때문이에요.

불개미

185

표범戊과 원숭이申

산의 정령 표범은 평상시에는 고양이처럼 순하다가도
순간적으로 돌변하는 정력가이다.
초가을의 에너지를 가지고 있는 원숭이는 인간보다 한 끗 부족하나
재주와 유머가 있는 여의봉으로 요술을 부린다.

신용과 의리를 중시한다.
상상력과 추리력이 뛰어나다.
무뚝뚝하지만 순수하고 친절하다.
사소한 일에 신경 쓰지 않으므로 꼼꼼한 일에는 맞지 않는다.
원만하고 유머감각이 있으며 장난기도 적당히 있다.
직장 생활을 계속하기보다 개인사업을 꿈꾼다.

당신은 노루삼과 닮았다

노루삼

베인베리(baneberry) 아시아베인베리(asian baneberry) 유라시아베인베리(eurasian baneberry) 버그베인(bugbane) 두꺼비뿌리(toadroot) 포도꼬리풀(grapewort)
학명 | 악타에아 스피카타(Actaea spicata)

노루삼은 줄기는 곧게 서고 잎은 어긋나며. 긴 잎자루가 있고 세 장의 겹잎이 나 있다. 꽃은 흰색으로 6월에 피고, 줄기 끝에 모이는 형태로 달린다. 열매는 장과로 공모양이며, 8월에 검은색으로 익는다.

노루삼 열매에는 심장을 멈
추게 하는 맹독이 들어 있지만
새들에게는 무해해서, 새들이
먹고 씨앗을 퍼뜨려 번식에 도
움을 준다. 직접 키우려면 8월
에 열리는 씨앗을 받아 종이에
싸서 바로 뿌리고 반그늘에서 키운다. 2~3일에 한번 정도 물을 주는데, 수
분이 많지 않아도 잘 자란다. 국내 민간요법에서는 노루삼의 뿌리를 녹두
승마(綠豆升麻)라 하여, 가을에 채취하여 햇볕에 말린 다음 두통·신경통·
백일해·기관지염에 복용한다.

당신처럼 무신(戊申)일에 태어난 분들이 있다

렘브란트(네덜란드 화가, 〈자화상〉) 1606년 7월 15일

드뷔시(프랑스 작곡가, 인상파 음악, 〈목신의 오후 전주곡〉) 1862년 8월 22일

프란츠 카프카(독일 소설가, 〈변신〉) 1883년 7월 3일

박완서(소설가, 〈자전거 도둑〉) 1931년 10월 20일

마크 저커버그(미국 소프트웨어 개발자, '페이스북' 설립) 1984년 5월 14일

　　노루삼의 영어이름 악타에아는 그리스신화에 등장하는 바다 요정의 이
름이다. 바다의 노인 네레우스에게는 네레이데스라는 50명의 딸들이 있었
는데 그중에 첫째가 고대 그리스어로 '해안'이라는 뜻을 가진 악타에아였
다. 그녀들은 네레이데스 즉 '젖은 자들'이라는 뜻처럼 바다의 신들과 함께
다니며, 어려움에 처한 사람을 돕는 아름다운 처녀들이었다.

　　네레이데스 가운데는 아킬레우스의 어머니 테티스나 포세이돈의 아내
암피트리테처럼 신들의 반열에 올라선 요정도 있었지만, 악타에아는 하급

요정이었다. 네레이데스들이 그렇듯 악타에아도 착하고 지혜로우며 명랑한 여성이었겠지만, 오랜 세월에 걸친 무수리의 삶은 그녀의 영혼을 초라하고 피폐하게 만들었을 것이다. 여기서 그리스의 소국 아르고스왕의 50명 딸들의 이야기가 겹치는데, 결혼을 강요하는 이집트왕의 50명 아들들을 아버지의 명에 따라 죽인 그녀들은 '밑 빠진 독에 물을 붓는' 지옥의 형벌을 받았다.

노루삼은 꽃이 노루 꼬리를 닮았고 잎은 산삼의 잎과 비슷해서 '노루가 먹는 삼'이라는 뜻으로 붙여진 이름이다. 화들짝 놀라기를 잘하는 노루의 성격과 조연급 요정의 캐릭터는 어딘가 흡사하다. 노루삼의 하얀 꽃무더기를 들여다보면 저만치 다리를 절룩이며 뛰어가는 노루를 닮은 인간들의 모습이 선명하게 떠오른다. 두려워하지 말아요, 당신은 혼자가 아니에요. 실패라니요, 당신은 분명 성공할 거예요.

짜증내지 않으려고 노력한다
완고하고 고집이 센
혼자서 모든 위험과 문제를 이겨내고 살아남아야 한다
보호받기 위해 다른 사람을 필요로 한다
신경쇠약

세상의 모든 노루삼을 위한 금언(金言)
열매는 무겁고, 인생은 힘겹다고요.
당신의 열매를 기뻐할 힘겨운 얼굴을 떠올려 보아요.

노
루
삼

꽃게己와 닭酉

**들의 정령 꽃게는 두 눈을 안테나처럼 높여 좌우를 살피며
옆으로 기는 첩보원의 기질을 가지고 있다.
중가을의 에너지를 가지고 있는 닭은 온갖 부조리와 악을 파헤치며
먹이를 구하는 강력한 부리를 지녔다.**

신용과 의리를 중시하며 포용력이 있어서 누구에게나 호감을 준다.
문장력이 좋으며 두뇌가 비상하고 기억력이 좋다.
자존심이 강하다.
싸늘하고 조용한 모습으로 언행이 날카로운 편이다.
한 분야에만 몰두하는 외골수 기질이 있다.
자기보다 힘든 사람에게 동정을 베푸는 착한 마음이 있다.

당신은 구리머리독사와 닮았다

구리머리독사

코퍼헤드(copperhead)
학명 | 악키스트로돈 콘토르트릭스(Agkistrodon contortrix)

구리머리독사의 학명인 악키스트로돈은 그리스어로 낚시 바늘을 의미하고, 콘토르트릭스는 라틴어로 뒤틀렸다는 뜻이다. 구리머리독사의 독니가 휘어 있기 때문에 붙은 이름이다. 구리머리독사는 북아메리카 토종이고, 머리 부분의 색깔이 구릿빛이라 코퍼헤드라는 별명이 붙었다.

구리머리독사는 완전히 자라도 1미터를 넘지 않고, 몸이 다부지며 머리

가 목보다 넓다. 구리머리독사 식단의 90퍼센트 이상은 생쥐나 들쥐 같은 작은 설치류들로 구성되고, 큰 곤충이나 개구리를 먹기도 한다. 구리머리독사는 사회적인 습성을 가지고 있

어서 한 마리가 활동하는 반경에서 다른 개체를 쉽게 찾을 수 있다. 늦봄에서 여름까지는 먹이를 찾기 위해 타 지역에 이주했다가 초가을에 다시 돌아오곤 한다.

당신처럼 기유(己酉)일에 태어난 분들이 있다

슈뢰딩거(오스트리아 물리학자, 《생명이란 무엇인가》) 1887년 8월 12일

이회창(법조인, 정치인) 1935년 6월 2일

김창완(음악가, 록밴드 '산울림', 《내 마음에 주단을 깔고》) 1954년 2월 22일

박영석(산악인, 히말라야 등정) 1963년 11월 2일

강수연(배우, 《아제아제 바라아제》) 1966년 8월 18일

구리머리독사는 싸한 느낌을 주는 구릿빛 머리의 첫인상과 달리 독사치고는 독기가 적은 편이다. 구리머리독사의 독은 치명적인 독이 아니기 때문에 물렸다고 해도 죽지 않으며, 처음에는 워닝 바이트라고 불리는 '경고 물기'로 끝난다. 구리머리독사에게 물린 경험이 있는 사람들은 물리기 직전에 사향 냄새를 맡았다고 하는데, 가까이 오지 말라는 경고로 사향샘에서 분비되는 불쾌한 냄새의 액체를 뿌리는 것이다.

구리머리독사형 인간은 적당한 거리를 유지하는 것을 금과옥조로 삼는 사람들이다. 따라서 공격당하거나 불편한 느낌을 전달받았다고 해서 그들

을 비난해서는 안 된다. 그들이 화를 내는 것은 겁쟁이라서가 아니라 무례함에 대한 감수성이 남다르기 때문이다.

구리머리독사의 유체에는 꼬리 뒤에 연둣빛 줄무늬가 있다. 개구리나 도마뱀을 유혹할 때 벌레와 혼동하게 해서 쉽사리 잡아먹으려는 전술이다. 구리머리독사형 인간은 냄새나 빛깔 같은 관능적 매력을 통해 성공적인 인생을 살아가는 지혜로운 자들이다. 인생의 굽이에서 그에게 매혹 당할지라도 지나치게 가까이 다가가지 말자. 당신의 무례를 탓하며 경고물기로 당신을 놀라게 할지도 모르기 때문이다.

주변으로부터의 끊임없는 공격
극도로 의심 많은
기분이 이랬다 저랬다 교차하는
무시당한다는 느낌
자기중심적인, 비웃는, 다투기 잘하는

세상의 모든 구리머리독사를 위한 금언(金言)
더 이상 다가오지 말아요. 거기 있는 당신이 아름다워요.
아름다운 거리가 사랑을 지켜주지요.

까마귀庚와 개戌

광석의 정령 까마귀는 은혜와 복수를 반드시 되갚으며 불도저처럼
밀어붙이는 에너지이저이다.
늦가을의 에너지를 가지고 있는 개는 주인에 대한 충성심이 강하며
낮보다 밤을 즐기는 호위무사이다.

총명하고 문장력이 좋다.
의협심이 강하고 통솔력이 있으며 우두머리가 되고자 한다.
한번 결정하면 끝장을 보려고 해서 주변 사람과 불화가 생긴다.
자기만의 길을 개척하는 스타일이고 다소 과격한 편이다.
진취적이며 리더십이 있다.
신용과 의리를 중시하는 스타일이다.

당신은 커피와 닮았다

커피

아라비아커피(arabian coffee) 아라비카커피(arabica coffee)
학명 | 커피 아라비카(Coffea arabica)

학명인 '커피 아라비카'의 아라비카는 '아랍의'라는 뜻인데, 커피가 아
랍에서 처음 상용화되었기 때문에 붙은 이름이다. 커피나무에 열리는 붉은
체리 같은 열매의 씨앗이 커피콩이다. 하얀 꽃은 향이 강하고, 열매가 익는
데 9개월이 걸린다.

커피가 이토록 상용화된 것은 커피 속의 카페인 성분 때문이다. 카페인

은 열매를 먹는 곤충 등을 막기 위한 살충 성분이지만, 덩치가 큰 인간에게는 각성효과 정도로 끝나기 때문에 전 세계적으로 애용된다.

붉은 커피콩으로 만든 커피 음료에 대한 최초의 기록은 아랍 지역의 학자들이 남겼는데, 근무 시간을 연장할 때 유용하다고 말하고 있다. 예멘에서 처음 만든 커피콩 음료는 이후 터키로 전해지면서 세계로 퍼지게 되었다.

독일의 작곡가이자 연주자였던 요한 세바스찬 바흐는 〈커피 칸타타〉라는 곡에서 다음과 같은 커피 예찬을 남겼다. '천 번의 키스보다 사랑스럽고, 청포도 와인보다 부드럽구나. 커피, 커피, 나는 커피를 마셔야 한다.'

당신처럼 경술(庚戌)일에 태어난 분들이 있다

멘델스존(독일 작곡가, 〈한여름 밤의 꿈〉) 1809년 2월 3일

김옥균(구한말 정치인, '갑신정변' 주도) 1851년 2월 23일

버나드 쇼(아일랜드 극작가, 〈인간과 초인〉) 1856년 7월 26일

조지 소로스(미국 금융인) 1930년 8월 12일

아놀드 슈워제네거(미국 배우, 〈터미네이터〉) 1947년 7월 30일

타이거 우즈(미국 골프선수) 1975년 12월 30일

엠마 왓슨(영국 배우, 〈해리포터〉) 1990년 4월 15일

아라비아의 목동 칼디는 이상하게 생긴 붉은 열매를 먹고 흥분해서 날뛰는 염소들을 발견하고 이슬람 사원의 수도사에게 알렸고, 악마의 열매가 아닐까 경계하던 수도사는 커피의 향기와 효과를 발견했다고 한다. 커피의

각성 효과는 '잠들지 않는 수도원'이라는 말처럼 종교적인 각성과 연결되면서 널리 확산되었다. 르네상스와 프랑스 혁명의 승리가 카페에 모여 각성된 토론을 벌인 지식인 대중이 커피를 마셨기 때문이라고 주장하는 학자도 있다.

〈인간희극〉의 발자크와 〈피가로의 결혼〉의 모차르트가 유명한 커피광이었다는 사실을 보면, 커피형 인간의 유형을 짐작하고도 남음이 있다. 인생에 향기로운 무언가를 남겨야 한다는 강박관념에 시달리는 커피형 인간은 커피잔을 내려놓고 창의성에 대한 압박으로부터 벗어날 필요가 있다. 아무리 바삐 달려간다고 해도 시간과의 경주에서 이길 수 없는 것이 인간의 운명이기 때문이다.

통제할 수 없는 생각이 떠오른다
감각이 과도하게 예민하다
더없이 행복한 느낌
빨리 창의적인 아이디어를 내놓아야 할 것 같다
머리에 못이 박히는 것 같은 두통
잠자러 가는 것이 위험하다는 공포심
과도한 기쁨으로 잠을 이루지 못한다

세상의 모든 커피를 위한 금언(金言)

잠들지 않는 것은 없어.
불패의 신화를 만들려면 잠으로 잊히는 것들을 기억해야 해.

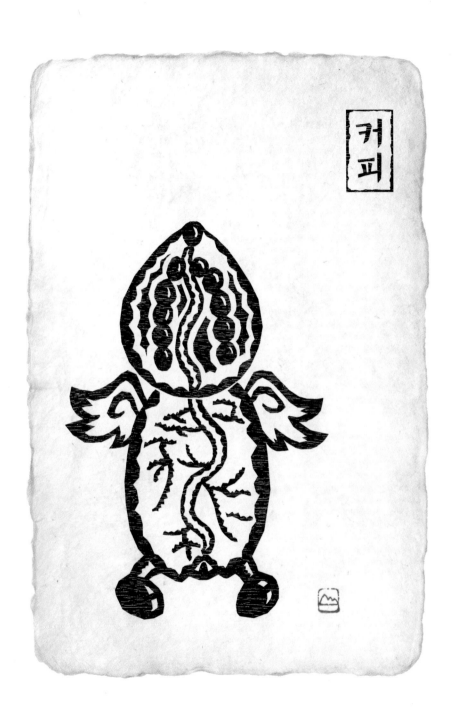

신해

辛
亥

꿩辛과 돼지亥

보석의 정령 꿩은 질병과 불의를 보면 꼭 고치려고 하는 정의의
해결사이다.
초겨울의 에너지를 가지고 있는 돼지는 모든 생명의 유전자를 저장할
정도로 욕심이 많으며 만물의 형벌과 독을 해독시키는 능력의
소유자이다.

의리와 의협심이 강하며 칼 같은 성격이 있다.
언변이 뛰어나고 예능에 소질이 있다.
인정이 많아도 돌아서면 냉혹하다.
새침한 느낌을 주며 깔끔한 성격이다.
부정적인 말도 서슴지 않고 논리적으로 잘 표현한다.
주목받는 것을 좋아하고 남이 알아주기를 바란다.

당신은 갑오징어와 닮았다

갑오징어

갑오징어(cuttlefish) 유럽갑오징어(european cuttlefish)
학명 | 세피아(Sepia)

갑오징어는 다리가 10개 있는 게 특징이고, 몸통 안에 석회질의 길고
납작한 뼈가 들어 있어서 일반 오징어류와 다르다. 갑오징어의 뼈는 견고
하면서도 가공하기 쉽기 때문에 장신구의 재료로 활용된다. 금속공예를 할
때 거푸집 대용으로 갑오징어 주물을 사용하기도 한다.
　수컷 갑오징어들은 교미 시즌에 암컷과 함께 좋은 둥지를 차지하기 위

해 싸우고, 여기서 상대를 마비시켜 이긴 쪽이 암컷의 입 주변 구멍에 정자를 삽입한다. 갑오징어는 먹이를 잡을 때 위장술을 써서 모래에 숨은 먹잇감을 덮친 다음 촉수를 뻗어 독으로
마비시킨다. 오징어의 먹물은 과거에는 중요한 염료로 쓰였지만 현재에는 거의 인공 먹물이 사용되고 있다. 이탈리아에서는 리조또에 먹물을 넣기도 하며, 스페인에서는 타파스 요리의 재료로 쓰인다.

당신처럼 신해(辛亥)일에 태어난 분들이 있다

파스칼(프랑스 수학자, 계산기 발명, 〈팡세〉) 1623년 6월 19일

헤겔(독일 철학자, 〈정신현상학〉) 1770년 8월 27일

우디 앨런(미국 영화감독, 〈브로드웨이를 쏴라〉) 1935년 12월 1일

링고 스타(영국 음악가, 록그룹 '비틀즈'의 드러머) 1940년 7월 7일

유시민(정치인, 작가) 1959년 7월 28일

한강(소설가, 〈채식주의자〉) 1970년 11월 27일

갑오징어의 갑옷(甲) 같은 뼈는 조개류에서 분화되는 과정에서 조개껍질의 탄산칼슘을 몸에 장착한 것이다. 껍질을 버리고 속도와 추진력을 선택한 것이지만, 조개나 게처럼 단단한 껍질을 가진 겁쟁이의 속성마저 버린 것은 아니다.

갑오징어는 위장술의 천재다. 이것은 먹잇감을 발견했을 때 선택하는 공격적인 전술인데, 먹잇감과 비슷한 색깔과 행동을 취할 뿐 아니라 상대에게 최면까지 걸 정도로 화려한 변신술을 구사한다. 하지만 갑오징어형

199

인간의 내면에는 오로지 먹잇감을 향해 질주하는 냉혹한 목적의식이 도사리고 있으며, 유연한 전술 덕분에 성공률도 높은 편이다.

갑오징어는 불리하다고 판단할 경우 철저히 도망가는 연막전술을 택한다. 이때 사용하는 무기가 세피아라고 불리는 먹물이다. 갑오징어형 인간이 강요를 참지 못하며 특유의 의심벽을 끝까지 간직하는 까닭도 먹물이라는 비장의 무기가 있기 때문이다. 갑오징어형 인간들이여, 그대들의 먹물을 남용하지 말라. 이 매력적인 흑갈색 물질은 당신의 믿음과 달리 치명적인 약점이 될 수도 있다.

강요당하는 것을 거부하는
주변 사람들이 정말로 자신을 사랑하는지 아닌지 알아내야 한다
정체, 모든 것이 느슨해지는, 안검하수(眼瞼下垂)
온순하고 순종적이지만 한편으로는 무례하고 고집이 센
가장 사랑하는 사람들에 대하여 무관심한

세상의 모든 갑오징어를 위한 금언(金言)

믿을 수 없다면 사랑이 아니야.
사랑이 믿음을 배반한다고? 언제나 믿음이 사랑을 배반해.

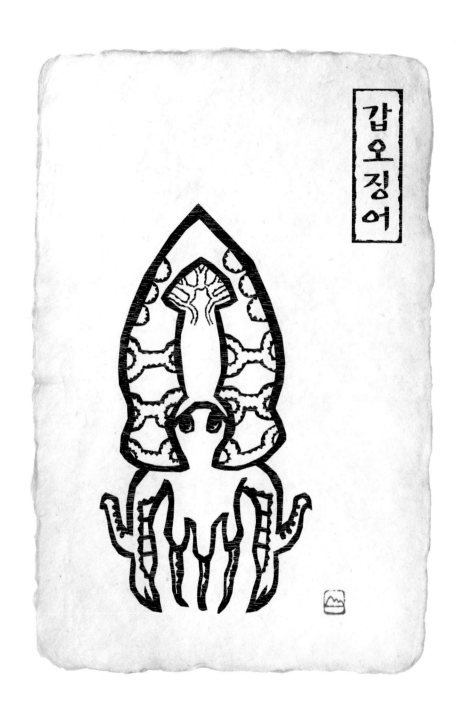

갑오징어

임 자
壬 子

제비壬와 쥐子

바다의 정령 제비는 바다 건너 강남까지 갔다가 다시 돌아오는
회귀성을 지녀 같은 일을 반복한다.
중겨울의 에너지를 가지고 있는 쥐는 들락날락 반복을 잘하며 꾀가
능하고 환락을 즐기는 밤의 황제이다.

지혜롭고 총명하며 통솔력이 있고 치밀하다.
고집이 세고 자존심이 강하다.
자신의 능력을 과신하며 타인과의 승부욕으로 불편해한다.
경쟁심리가 강하고 다른 사람의 상황을 잘 생각하지 않는다.
도도한 매력이 있으며 배우자와 사이가 좋은 편이 아니다.
한곳에 머무르지 않고 이리저리 돌아다니는 것을 즐긴다.

당신은 검은과부거미와 닮았다

검은과부거미

검은과부거미(black widow spider) 남부검은과부거미(southern black
widow spider) 신발단추거미(shoe-button spider)
학명 | 라트로덱투스 막탄스(Latrodectus mactans)

검은과부거미의 학명인 라트로덱투스 막탄스는 '은밀하게 물어서 죽인
다'는 뜻을 담고 있다. 검은과부거미는 미국 동부에 서식하며, 크기가 1센
티미터 정도로 다소 작은 편이다. 암컷의 몸은 광택이 나는 검은색에 모래
시계 무늬가 있고, 수컷의 몸에는 노란색이나 주황색의 무늬가 있다. 암컷

이 수컷보다 평균 2배 정도 크
며 최대 3년까지 살 수 있는 반
면, 수컷의 수명은 3~4개월
에 불과하고 교미 후에 암컷에
게 잡아먹히기도 한다. 교미 후
암컷이 수컷을 잡아먹는 점 때

문에 남편을 죽이고 유산을 뜯어내는 사악한 여인을 검은과부거미(black
widow spider)라고 부른다.

검은과부거미는 세계에서 두 번째로 치명적인 독거미로 유명하다. 크기
가 작고 거미집도 없이 돌아다니며, 조금만 자극해도 물기 때문에 매우 위
험하다. 주입되는 독의 양이 적어 사람들이 물리는 횟수에 비해 사망률은
낮다.

당신처럼 임자(壬子)일에 태어난 분들이 있다

크로포트킨(러시아 철학자, 아나키스트) 1842년 12월 9일

구스타프 말러(오스트리아 작곡가, 〈대지의 노래〉) 1860년 7월 7일

이육사(일제강점기 시인, 〈광야〉) 1904년 5월 18일

성철(승려, '돈오돈수'를 주창) 1912년 4월 6일

말론 브란도(미국 배우, 〈대부〉) 1924년 4월 3일

워렌 버핏(미국 기업인) 1930년 8월 30일

검은과부거미는 작은 크기에도 불구하고 강렬한 인상을 주는 독거미이
다. 신화 속의 거미들이 운명의 베를 짜는 지혜로운 여인으로 묘사되는 반
면, 남편을 잡아먹는 사악한 여인으로 묘사되는 검은과부거미는 운명의 손
길을 박차고 나가는 파괴적인 전복자의 이미지를 가졌다.

거미줄 위에서 인내와 끈기로 먹잇감을 기다리는 보통의 거미들과 달리 거미줄을 치지 않고 돌아다니는 검은과부거미는 조금만 자극해도 쉽사리 물어버리는 유별난 거미이다. 거미줄 없는 노마디즘을 실천하는 것은 구속을 거부하는 그녀 자신의 선택이지만, 검은과부거미형 인간은 거리낌 없는 자유를 만끽하다가도 집단에서 거부당했다는 고립감에 사로잡혀 불안과 숨막힘에 빠지는 순간이 있다.

검은과부거미형 인간의 주제는 단연코 자유이다. 하지만 다른 차원의 새로운 질서를 창조해내지 못할 경우, 자유라는 이름의 또 다른 속박으로 끝날 수도 있다. 검은과부거미형 인간의 절박한 과제는 배수진을 치고 혼자만의 춤을 추는 창조적인 생애를 만들어가는 것이다. 용감하게 멀리까지 걸어나간 당신의 생애에 낯선 향기가 가득하기를 바란다.

무리에서 거부당한 느낌

협심증

전복, 파괴

외로움에 대한 두려움이 결혼에 대한 두려움보다 커서 결혼을 한다

복수심이 강한, 증오하는

세상의 모든 검은과부거미를 위한 금언(金言)

당신은 작지만, 힘센 분이다.

당신을 보고 있으면 조물주는 작은 분일 거라는 생각이 든다.

검은과부거미

205

박쥐癸와 소丑

냇물의 정령 박쥐는 낮과 밤이 바뀌고 천장에 매달려
사물을 거꾸로 보며 새로운 일의 시작을 도모하는 창의성을 지녔다.
늦겨울의 에너지를 가지고 있는 소는 생각이 깊고 오랫동안
되새김질을 하며 앞을 향해 묵묵히 걷는 침묵의 수행자이지만
욱하면 뿔로 받는 성질이 있다.

조용하고 내성적이며 지혜롭고 총명하다.
소극적이지만 성급하며 성실하고 준법정신이 강하다.
매사에 심사숙고한다.
통찰력이 예리해서 옆에서 남을 돕는 참모 역할에 맞는다.
맡은 바 임무를 충실히 수행하고 목표지향적이다.
사회에서는 인정받지만 가정적인 면은 부족하다.

癸
丑

당신은 비너스 백합과 닮았다

비너스 백합
백합조개(northern quahog) 둥근대합(round clam) 차우-더대합(chowder clam) 체리스톤(cherry stones) 리틀넥(little necks)
학명 | 메르세나리아 메르세나리아(Mercenaria mercenaria)

백합조개의 학명인 메르세나리아는 라틴어로 '통화수단으로 상거래에 쓰이는 돈'이라는 뜻이다. 백합조개의 영어 이름은 '코호그'인데, 코호그는 북미 원주민 나라간셋족들이 쓰던 포콰혹(poquauhock)이라는 말에서 따와서 1794년부터 정식으로 사용되었다. 나라간셋족이 비너스 백합의 껍데

기로 만든 조가비 구슬을 유럽
인과의 물물교환에서 화폐로 썼
기 때문에 이런 이름이 붙었다.

　백합조개는 주로 북미 동부
해안에 서식한다. 옅은 갈색에
서 회백색을 띠는 크고 육중한
껍데기로 속을 보호하고, 껍데기의 바깥 부분은 나이테로 둘러져 있으며
안쪽의 열리는 부분 가장자리는 진한 보라색을 띤다.

　번식할 때는 암컷과 수컷이 서로 생식세포를 물에 방사시킴으로써 유성
생식을 한다. 부화한 유체들은 얕은 바다에 떠다니다가 큰 바다로 이동하
며 성장한다. 크릴, 수염고래 등처럼 특화된 여과구조를 가지고 물을 통과
시켜서 물속의 플랑크톤이나 해조류 등을 먹는다.

당신처럼 계축(癸丑)일에 태어난 분들이 있다

몬드리안(네덜란드 화가, '신조형주의' 창시) 1872년 3월 7일

히치콕(영국 영화감독, 〈사이코〉) 1899년 8월 13일

로알드 달(영국 소설가, 〈찰리와 초콜릿 공장〉) 1916년 9월 13일

샐린저(미국 작가, 〈호밀밭의 파수꾼〉) 1919년 1월 1일

최은희(배우, 〈사랑방 손님과 어머니〉) 1926년 11월 20일

미야자키 하야오(일본 애니메이션 감독, 〈바람계곡의 나우시카〉) 1941년 1월 5일

호세 카레라스(스페인 성악가, '세계 3대 테너' 중 1인) 1946년 12월 5일

　하얀 속살과 아름다운 껍데기를 가진 비너스 백합은 바다의 물거품에서
탄생한 비너스 여신이 타고 온 '조개의 여왕'이다. 깊은 바다 속에서 입을
단단히 물고 살아 조가비 안에 모래가 들어가지 않으며 다른 조개들과 달

리 혼자 이동하는 습성도 있어서, 조개 중에 최고라고 할 만하다.

깊은 바다를 배경으로 한 아름다운 조개의 신비는 환상의 설화를 만들어냈는데, 중국에는 큰 숨을 내쉬어 누각의 형상을 만들어내는 대합괴물신(蜃·신기루 신)의 전설이 있다. 대합조개가 빚어내는 환상이 하필 누각즉 다층 건물이라는 사실에 주목하면, 비너스 백합형 인간이 추구하는 아름다움과 현실의 양 날개가 모습을 드러낸다.

비너스 백합형 인간은 한편으로는 세상으로부터 멀리 떨어지고자 하며, 다른 한편으로는 권태감과 비현실감에서 벗어나 현실로 회귀하고자 한다. 비너스 여신을 태우고 현실 속으로 돌아온 아름다운 조가비처럼 말이다.

안전한 환경을 갈망한다
세상으로부터 떨어져서 자신을 파묻는다
생각이 끊어진다
두통이 올 때 정신이 멍해진다
권태감, 무관심, 무감동, 따분함

세상의 모든 비너스 백합을 위한 금언(金言)
당신의 아름다움을 지키기 위해 모두들 최선을 다하고 있어.
당신은 우리 모두의 기쁨이거든.

갑인

甲
寅

여우甲와 호랑이寅

숲의 정령 여우는 높은 언덕에서 살며 호랑이가 없는 산중을
잔꾀로 지배한다.
초봄의 에너지를 가지고 있는 호랑이는 빠르고 힘찬 지상 최고의
권력자이다.

어질고 착하고 인정이 많으며 자립정신이 강하고 주관이 확고하다.
두뇌가 명철하고 뜻을 굽힐 줄 모르며 자기주장이 강하고
지기 싫어한다.
흔들리지 않는 우직함이 있지만 지나치면 아집으로 변한다.
겉모습은 만만치 않지만 친해지면 다정하고 진중하다.
남의 밑에 종속되는 것보다 군림하려는 기질이 있다.

당신은 큰까마귀와 닮았다

큰까마귀

일반큰까마귀(common raven) 북부큰까마귀(northern raven)
학명 | 코르부스 코락스(Corvus corax)

큰까마귀의 학명은 코르부스 코락스로, 코르부스는 라틴어로 '큰까마귀'
를 뜻하고 코락스는 고대 그리스어로 '까마귀'를 뜻한다. 남부를 제외한 북
미, 유라시아 전역에 서식하는 큰까마귀는 날개를 펴면 1미터 정도로 연작
류 중에서 가장 큰 새로 꼽힌다. 사촌뻘인 까마귀와 비슷하지만 까마귀보
다 크고 무거우며 검은 부리를 가지고 있다. 목 주변과 부리 위에 덥수룩한

털이 있고 까마귀보다 굵고 낮
은 소리로 우는 점이 다르다.

큰까마귀는 조류를 통틀어
서 두뇌가 가장 크다. 특히 대
뇌의 겉질이 커서 문제해결능력
이나 남을 흉내 내는 인지적인
행동을 잘 해낸다. 길들여진 큰까마귀는 웬만한 앵무새보다 사람 말을 잘
따라할 수 있을 정도로 똑똑하고 소리 흉내도 잘 낸다. 시체를 뜯기 버거울
때는 늑대 소리를 흉내 내서, 늑대들이 시체를 찢어놓으면 나중에 가서 먹
기도 한다.

큰까마귀는 신화와 전설 속에서 다양한 모습으로 등장한다. 북유럽의
신 오딘은 지혜를 상징하는 큰까마귀 두 마리를 어깨에 얹고 다녔고, 성경
에서는 큰까마귀가 선지자 엘리야에게 먹을 것을 물어다 주기도 했다. 런
던탑에는 항상 큰까마귀가 맴돌고 있으며, 그들이 이곳을 떠나면 영국 왕
실이 끝난다는 전설이 있다.

당신처럼 갑인(甲寅)일에 태어난 분들이 있다

코페르니쿠스(폴란드 천문학자, 지동설 주장) 1473년 2월 19일

현진건(소설가, 〈운수 좋은 날〉) 1900년 8월 9일

이덕화(배우, 〈제5공화국〉) 1952년 5월 8일

베르나르 베르베르(프랑스 소설가, 〈개미〉) 1961년 9월 18일

키아누 리브스(캐나다 배우, 〈매트릭스〉) 1964년 9월 2일

까마귀는 까악 까악 울면서 시체를 먹는 습성 때문에 죽음을 예고하는
불길한 징조로 여겨졌다. 동유럽 서사시에서 큰까마귀는 영웅의 죽음이라

는 비극적인 사건을 알려주는 존재로 등장한다. 하지만 정작 까마귀 자신에게는 비극적인 느낌이 전혀 없다. 죽은 자들의 영혼과 연결되어 삶과 죽음을 연결하는 전령 역할을 하기 때문에 그렇게 보일 뿐이며, 오히려 그에게는 죽음 저편의 초자연적 사연을 인간에게 들려주는 전달자의 천연덕스러운 익살이 묻어 있다.

산 자들에게 죽은 자들의 세계를 상기시키는 까마귀는 현실의 바다에 떠 있는 비현실의 섬과도 같다. 큰까마귀형 인간이 가끔씩 경계를 넘나드는 느낌을 경험하는 까닭은 이러한 생태 및 설화와 연결된다. 경계를 넘는 자의 예외적인 권력은 까마귀들에게 전장에서 승리를 보장하거나 도둑질로부터 재산을 보호하는 행운의 이미지도 부여했는데, 그렇다고 해도 행운의 뒤에는 불행이 도사리고 있을지 모른다는 무거운 교훈을 말끔히 떨쳐버린 것은 아니다.

모든 것이 비현실적으로 보인다
이 세상에 속해 있지 않은, 여러 차원의 세계를 떠도는
지인들을 많이 갖기를 좋아한다
내적인 삶이 보호되어야 한다
사기, 배반, 속임수

세상의 모든 큰까마귀를 위한 금언(金言)

태초에 이야기가 있었어. 우주는 뻥이야. 우습지?
웃음이 우주의 본질이야. 허무라고도 하지.

큰까마귀

담비乙와 토끼卯

새싹의 정령 담비는 작고 예쁘나 뭉쳤을 때는 호랑이도 잡는
담력이 있다.
중봄의 에너지를 가지고 있는 토끼는 귀엽고 섹시하며 멋을 부린다.

乙
卯

부드러운 성격으로 대인관계가 좋다.
꿈과 야망을 갖고 있으며 미래지향적이다.
다재다능하며 말을 잘한다.
한번 뜻을 세우면 굽히지 않고 고집이 세기 때문에 성격이 다소
배타적이다.
의외로 단순해서 허술해 보이는 매력이 있다.
생활력이 강하고 새로운 환경에 대한 적응력이 뛰어나다.

당신은 감자딱정벌레와 닮았다

감자딱정벌레

감자딱정벌레(potato beetle) 콜로라도딱정벌레(colorado beetle)
학명 | 레프티노타르사 데세믈리네아타(Leptinotarsa decemlineata)

　감자딱정벌레의 종명은 데세믈리네아타인데, 이는 라틴어로 '열 개의
줄이 나는'이라는 뜻으로 딱정벌레 등의 줄무늬 개수를 뜻한다. 유라시아와
북미 전역에 분포하며, 몸 윗면은 주황색과 노란색 바탕이고 겉날개 위에
열 개의 검은 줄무늬가 그려져 있다. 유충일 때는 주황색과 분홍색을 띠고,
몸이 아홉 부분으로 나누어지며 검은 점들이 있다. 암컷은 번식력이 좋아

서 4~5주에 알을 500개 이상 낳는다. 알은 4~15일에 부화하고, 유충은 숙주의 잎을 먹으며 3~4주에 성충이 된다.

감자딱정벌레는 1840년대부터 미국에서 대량 재배되는

감자밭을 숙주로 삼으면서 골치 이픈 해충이 되었다. 유충과 성충 모두 감자 잎을 갉아먹기 때문에 감자가 고사하는 원인이 되었고, 워낙 피해가 커서 농부들도 벌레를 죽이는 박테리아나 균류를 살포하거나 윤작을 해서 성충의 활동력을 저하시키는 등 다양한 수단을 쓰고 있다.

당신처럼 을묘(乙卯)일에 태어난 분들이 있다

리빙스턴(스코틀랜드 탐험가, 〈전도 여행기〉) 1813년 3월 19일

조용필(가수, 〈창밖의 여자〉) 1950년 3월 21일

손정의(일본 기업가, '소프트뱅크' 창업) 1957년 8월 11일

짐 캐리(미국 배우, 〈덤앤더머〉) 1962년 1월 17일

커트 코베인(미국 가수, 록밴드 '너바나'의 보컬리스트) 1967년 2월 20일

니콜 키드먼(오스트레일리아 배우, 〈물랑루즈〉) 1967년 6월 20일

감자딱정벌레는 감자 잎을 먹는 악명 높은 곤충으로 감자뿐 아니라 가지, 토마토 등 가지과 식물의 잎을 닥치는 대로 먹어치운다. 생식력이 뛰어나고 유충들은 스스로 체온조절이 가능하며 대부분의 화학약품에 내성을 가지고 있을 뿐 아니라, 감자밭의 경작 사정에 따라 기민하게 대처하는 놀라운 생명력을 가지고 있다. 독을 지닌 것으로 유명한 가지과 식물을 먹는 것도 특이하지만, 성공적인 생존을 위한 목표의식에 감각과 에너지를 집중

하는 방식이 감탄을 자아낼 정도이다.

감자딱정벌레형 인간의 성향은 무엇보다 목표를 향한 맹목적인 질주로 요약된다. 맹목성은 환경에 대한 유연한 대처를 가능하게 하기도 하지만, 애초에 유연성이 있는 성향은 아니다. 특히 목표가 특정한 사업이나 임무로 정해질 경우, 감자딱정벌레형 인간은 오직 그 일에만 몰두하여 몸이 떨리거나 섬망에 시달릴 정도로 자신을 극단적으로 몰아간다.

감자딱정벌레가 엄청난 분량을 먹어치우는 가지과 식물의 독성이 장기적으로 신체에 손상을 가져올 가능성을 예측할 수 있듯이, 감자딱정벌레형 인간도 오랜 세월 맹목적으로 일에만 초점을 맞추고 살아온 결과 시력의 손상을 비롯하여 육체와 정신에 금이 가는 결과를 불러올 수 있다. 감자 잎과 자신을 구분하는 것, 사업과 인생 사이에 거리를 두는 것, 감자딱정벌레형 인간이 돌아보아야 할 인생의 미덕이다.

짜증을 잘 내는 기질
무서운 꿈, 터무니없는 꿈
사업에 관한 이야기로 바쁜
얼굴이 빨개지고, 부어오르고, 눈이 튀어나온다
몸에서 땀을 엄청나게 많이 흘린다

세상의 모든 감자딱정벌레를 위한 금언(金言)
정말 대단한 분이야. 절대 포기하지 않는 분.
당신의 무한한 에너지에 박수를 보내요.

216

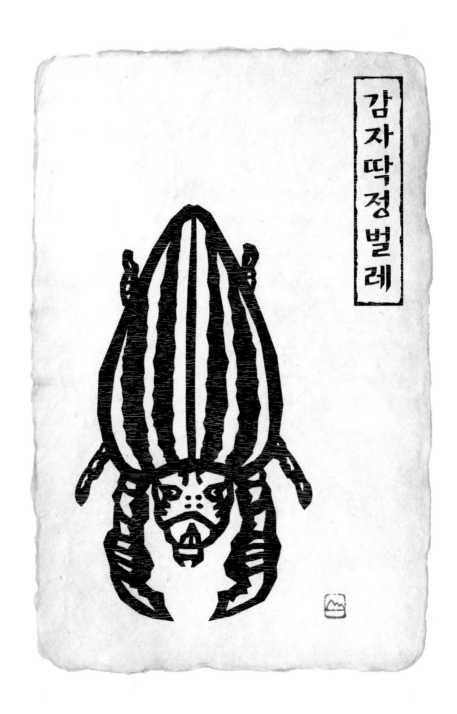

사슴丙과 용辰

태양의 정령 사슴은 스스로 왕을 자처하며 곤룡포를 입고 있다.
늦봄의 에너지를 가지고 있는 용은 적군과 아군을 구분하여 적을
단숨에 섬멸하는 냉정한 절대자이다.

丙
辰

밝고 명랑하고 사교적이며 끈기와 고집이 있다.
희생정신과 봉사정신이 강하고 승부욕이 강하며 숨김이 없다.
집착하면 집요하게 해낸다.
감정 기복이나 변덕이 심한 편이다.
전문성을 가지고 연구하는 직업에 잘 맞는다.
쾌활하고 낙천적인 성격이다.

당신은 대왕판다와 닮았다

대왕판다

대왕판다(giant panda)
학명 | 아일루로포다 멜라노레우카(Ailuropoda melanoleuca)

대왕판다는 곰과에 속하는 동물이다. 학명으로는 아일루로포다 멜라노
레우카로, 아일루로포다는 그리스어로 고양이 발을 뜻하고 멜라노레우카
는 흑백을 뜻한다. 대왕판다의 발이 고양이 발을 닮았고, 몸은 흑백색을 띠
기 때문이다.

대왕판다는 여러 모로 특이한 점이 많다. 중국 중남부 외의 지역에서는

볼 수 없는 희귀종이고, 용과 더불어 세계적으로 중국을 상징하는 동물이다.

대왕판다는 대나무만 먹고 사는 것으로 유명한데, 정작 위장은 육식동물이라 섬유질이 대다수인 대나무를 거의 소화시키지 못하고 배출한다. 대왕판다는 번식 조건도 엄청나게 까다롭다. 암컷이 일 년에 이삼 일만 짝짓기를 할 정도로 번식욕이 약하기 때문이다.

판다는 다른 곰들과 달리 동면하지 않고, 구리와 철을 좋아해서 음식이 담겨 있던 놋그릇이나 쇠그릇을 핥는 것을 좋아한다. 고대 중국에서는 판다가 농부들의 식기를 핥으러 온 적이 있었다는 기록이 있다.

당신처럼 병진(丙辰)일에 태어난 분들이 있다

타고르(인도 시인, 〈기탄잘리〉) 1861년 5월 7일

황순원(소설가, 〈소나기〉) 1915년 3월 26일

고르바초프(소련 정치가, 노벨평화상 수상) 1931년 3월 2일

스티브 잡스(미국 기업인, '애플' 창립) 1955년 2월 24일

레오나르도 디카프리오(미국 배우, 〈타이타닉〉) 1974년 11월 11일

판다는 중국에만 사는 동물이며 '숲의 신성한 창조물'로 여겨졌지만, 세계인의 인기를 얻으며 멸종위기 동물의 대표가 되었다. 완전한 초식동물로서 어린아이 같은 귀염성이 있을 뿐 아니라 수심에 찬 초연한 느낌마저 있는 판다가 '금속을 먹어치우는 흑백의 맥'(貘, 멧돼지와 코끼리를 섞어놓은 초식동물)에서 중국의 국가적인 상징으로 자리 잡은 것은 멋진 선택으로

보인다.

중국 사천성의 사고량산(四姑娘山)에는 표범으로부터 자신을 구한 네 명의 여자 목동의 죽음을 슬퍼한 판다의 이야기가 전해진다. 판다들이 그녀들의 장례식에 참석하여 애도의 뜻으로 팔을 검게 물들였다가 부둥켜안고 슬피 우는 바람에 서로의 눈가와 귀까지 검은 색으로 물들이게 되었다는 것이다.

판다형 인간은 약육강식의 질서에 대한 슬픔과 함께 약자를 위한 연대의 의지를 간직한 고결한 존재이다. 하지만 세상과 거리를 둔 초식동물 판다처럼 무력감과 두려움, 허기 같은 역부족의 느낌이 그의 앞을 가로막는다. 의로움을 실현하기 위해 필요한 힘과 용기를 어떻게 충전할 것인가가 판다형 인간에게 주어진 과제이다.

세상의 불의를 견딜 수 없다
굶주린, 배고파 죽을 것 같은, 무언가 먹어야만 하는
약자를 위해 싸우기를 원한다
힘을 잃어간다고 느끼기 시작한다
아무렇게 누워서, 아무것도 안하고 먹기만 하고 싶다

세상의 모든 대왕판다를 위한 금언(金言)

당신의 명예심에 경의를 표한다.
약자를 잊지 않는 강자야말로 명예의 표상이다.

220

노루丁와 뱀巳

달의 정령 노루는 가까이 가면 멀어지는 안개속의 신비를 지녔다.
초여름의 에너지를 가지고 있는 뱀은 강력한 독이빨과 다리 없이도
달릴 수 있는 용의 기상을 가지고 있는 살벌한 권력자이다.

밝고 사교적이며 차분하지만 불같은 성격과 마음속의 큰 야망을
갖고 있다.
솔직담백하고 인정이 많다.
겉보기에는 밝지만 내면은 고독하고 음침하다.
주관이 강해서 남들과 잘 융화되지 않는 면이 있다.
현실적이면서 깔끔하고 냉철한 성격을 가졌다.

당신은 고양이와 닮았다

고양이

고양이(cat) 집고양이(domestic cat)
학명 | 펠리스 실베스트리스 카투스(Felis silvestris catus)

　　고양이의 학명은 펠리스 카투스로, 펠리스는 라틴어로 고양이를 뜻하고
카투스는 집고양이를 뜻한다. 고양이는 사실상 전 세계에서 길들여져서 사
육된다. 고양이는 다른 동물들보다 눈과 동공이 매우 큰데, 이는 안구의 구
멍이 크기 때문이다. 덕분에 밤이 되면 동공을 조절해서 사람보다 몇 배 이
상 물체를 잘 구분한다.

고양이는 육식동물이라서 자연에서는 새, 다람쥐, 쥐, 물고기 등을 사냥해서 잡아먹지만, 도시에서는 인간이 먹다버린 음식을 먹기도 한다. 상자 속처럼 좁은 틈으로 들어가는 것을

유독 좋아하는데, 야생에서 살아갈 때 천적을 피하기 위해 큰 동물이 오지 못하는 곳에 숨어들던 습성과 고양이 뼈에 연골이 많고 몸이 물렁물렁해서 유연성이 뛰어나기 때문이다.

집단성이 있는 개들에 비해 주인에 대한 충성도가 별로 없는 것으로 알려져 있지만, 일부 사례들을 보면 자신에게 도움을 준 존재들에게 은혜를 갚는 것을 볼 수 있다.

당신처럼 정사(丁巳)일에 태어난 분들이 있다

바흐(독일 작곡가, 바로크 음악의 대가) 1685년 3월 31일

하이젠베르크(독일 물리학자, '불확실성의 원리' 발견) 1901년 12월 5일

월트 디즈니(미국 애니메이션 감독, '월트디즈니픽처스' 창립) 1901년 12월 5일

존 바에즈(미국 가수, 반전운동가) 1941년 1월 9일

토니 블레어(영국 정치인) 1953년 5월 6일

고양이는 인간에 의해 길들여졌다. 고양이는 인간에게 곡식을 훔쳐가는 쥐를 잡아주었고, 인간은 고양이에게 먹이를 주었다. 고양이와 인간은 시종일관 공생관계였다. 고대 이집트에서 고양이는 여신조차 고양이의 모습으로 묘사될 정도로 신성한 동물이었으며, 그리스의 역사학자 헤로도토스에 따르면 고양이가 죽으면 애도의 뜻으로 눈썹을 밀었고 신성한 무덤에

묻어주었다고 한다.

이해관계에서 출발한 고양이와 인간의 관계는 이처럼 신성한 동맹관계로까지 발전하였는데, 주목할 것은 동맹이란 언제든지 깨질 수 있다는 것이다. 행운을 가져다주는 고양이의 상징은 여전히 존재하지만, 검은 고양이처럼 불행을 예고하는 정반대의 상징이 등장하기 시작한 것이다.

고양이형 인간의 고뇌는 인간에 의해 길들여진 고양이의 처지와 닮았는데, 그것은 관계에 대한 의혹이다. 관계란 한없는 친밀성을 추구하게 마련이며 서로를 길들이려고 한다. 하지만 길들이는 관계는 필연적으로 의혹이 고개를 들게 마련이며, 일방통행성에 대한 불만이 불거져 나오게 된다. 의혹은 사랑을 좀먹고, 사랑은 신기루처럼 사라진다. 고양이형 인간의 고뇌는 완전한 사랑에 대한 갈망의 다른 얼굴이다.

따뜻한 것을 원하고, 접촉하는 것을 좋아한다
결정은 나 스스로 한다
정당하게 존중받지 못하는 것에 화가 난다
호기심 많은, 호기심이 신세를 망친다
사소한 잘못도 죄를 지은 것처럼 보인다

세상의 모든 고양이를 위한 금언(金言)

사랑할 때는 누구나 애완동물이 되고 싶어진다.
하지만 가까이 가고 싶어지는 순간,
멀리 도망치고 싶은 본능이 고개를 쳐든다.
사랑은 모순이다.

무오

戊
午

표범戊과 말午

산의 정령 표범은 평상시에는 고양이처럼 순하다가도 순간적으로 돌변하는 정력가이다.
중여름의 에너지를 가지고 있는 말은 양기가 넘쳐서 서서 자며 작은 일에도 즉시 반응하는 하이킥의 왕자다.

지혜롭고 총명하며 신의를 중시한다.
자존심이 강하고 고집이 세며 융통성이 부족하다.
화려한 것을 좋아하고 직관력이 강하다.
타인의 간섭을 싫어하고 본인의 생각으로만 움직인다.
주목받는 것을 좋아하고 남에게 지는 것을 싫어한다.
저돌적이며 배짱이 두둑하고 실속도 잘 챙긴다.

당신은 사자와 닮았다

사자

아프리카사자(african lion)
학명 | 판테라 레오(Panthera leo)

사자는 아프리카 남부에 서식하고, 다 자라면 몸길이가 3미터까지 커진다. 고양잇과 동물 중 유일하게 수컷과 암컷의 모습이 다른 종으로, 수컷이 암컷보다 체격이 좋고 머리가 크며 갈기가 있다. 수사자의 갈기는 목을 보호하거나 몸집이 커 보이기 위한 것이다.

암사자에 비해 수사자는 거의 사냥을 하지 않고 쉬는데, 이는 능력이 부족해서가 아니라 무리가 이끌고 다니는 새끼들을 유사시에 보호하기 위한 것이다. 간혹 사냥감이 버거울 때는 수사자도 사냥에 동참한다.

성경에서는 사자를 어떤 것에도 물러서지 않는 동물의 왕이라고 표현함으로써 '백수(百獸)의 왕'으로 높게 취급하고 있다. 불교에서는 석가모니 붓다의 설법이 사자의 포효처럼 악마들을 조복시키는 위력이 있다고 한다.

당신처럼 무오(戊午)일에 태어난 분들이 있다

셰익스피어(영국 극작가, 〈로미오와 줄리엣〉) 1564년 4월 26일

보들레르(프랑스 시인, 〈악의 꽃〉) 1821년 4월 9일

가우디(스페인 건축가, 〈성가족 교회〉) 1852년 6월 25일

찰스 린드버그(미국 비행기 조종사, 대서양 횡단 비행에 성공) 1902년 2월 4일

손기정(마라톤선수, 1936년 베를린올림픽 금메달) 1912년 10월 9일

엘리자베스 테일러(미국 배우, 〈클레오파트라〉) 1932년 2월 27일

사자는 야생고양잇과 중에서 가장 사회적인 동물이다. 초원 같은 탁 트인 장소에서 집단을 이루고 살며, 주행성이라는 점도 특별하다. 수사자는 처음 몇 년은 혼자 지내다가 암사자와 새끼들이 함께 지내는 집단으로 들어가서 최상위 포식자 집단의 수장에 어울리는 게으른 여유를 부리며 산다.

수사자의 권위는 '갈기'를 통해 표현되는데, 짙고 풍성한 갈기는 영토 싸움에서 목을 보호하며 암사자를 끄는 매력을 통해 생식 능력을 높인다. 먹이 사냥은 가까운 곳에서 기습 공격을 하는 매복 사냥꾼의 방식을 택하

는데, 심장의 크기가 몸무게의 1퍼센트 미만이라 생각보다 스태미나가 강하지 않고 지구력도 높지 않기 때문이다.

사자는 70퍼센트 이상을 육식으로 섭취하는 '초육식동물'이지만 너무 큰 동물이나 너무 작은 동물은 잡아먹지 않는다. 떠돌이 수사자나 홀로 살아가는 암사자도 적지 않다고 하니, 바빌론의 사자처럼 제국의 상징인 동시에 스핑크스처럼 저승의 안내자인 사자의 영광스런 고뇌를 이해할 수 있을 것 같다. 사자형 인간은 자신의 명예를 스스로 지켜야 하는 가장 어려운 사명을 부여받은 자들이다.

내가 왕이 되어야 하는데, 현실은 아니다
자존감 결여
사회적 법규에 얽매인다
의지할 데 없는 사람들에 대해 폭력적이고 왈칵 성을 낸다
음악을 들으면 증상이 호전된다
당신은 내 권위에 도전할 자격이 없다

세상의 모든 사자를 위한 금언(金言)
세상이 얼마나 부조리한 곳인지 온전히 아는 분은 당신밖에 없다.
그래서 당신이 세상의 왕이다.

꽃게己와 양未

들의 정령 꽃게는 두 눈을 안테나처럼 높여 좌우를 살피며
옆으로 기는 첩보원의 기질을 가지고 있다.
늦여름의 에너지를 가지고 있는 양은 고산의 바위에서 살며 고난을
즐기는 외로운 협객이다.

신뢰를 중시하며 고집과 끈기가 있지만 고지식하며 보수적이다.
야무지고 빈틈이 없는 철저한 성격이지만 사소한 일에 걱정이 많다.
남의 말을 듣는 듯 하다가도 결국엔 자기 고집을 밀고 나간다.
정이 많고 남을 잘 배려하지만 필요할 때 승부욕은 강하다.
기복 없이 성실하므로 조직생활이 잘 어울린다.

당신은 마전자 나무와 닮았다

마전자 나무

포이즌넛(poison nut) 퀘이커버튼(quaker buttons)
학명 | 스트리크노스 넉스보미카(Strychnos nux-vomica)

포이즌넛이라고도 불리는 마전자 나무는 아시아 동남부에 서식하는 중
간 크기의 나무로 짧고 두꺼운 몸통을 가지고 있다. 마전자 나무의 나뭇가
지는 불규칙하게 나 있고 부드러운 잿빛 껍질로 덮여 있다. 나뭇잎은 엑스
자로 교차하는 모양을 하고, 줄기는 짧으며 타원형을 이룬다. 열매의 씨앗
과 꽃, 껍질은 아주 쓴 알칼로이드 성분인 스트리크닌과 브루신을 함유하

고 있는데, 이것들은 새나 설치
류 등 작은 동물을 죽이는 살충
제여서 먹으면 근육경련, 질식,
탈진, 사망에 이른다.

마전자 나무 열매의 스트리
크닌 성분은 유럽인들이 해상

교역을 하기 시작하면서 세계로 퍼졌는데, 특히 스트리크닌 성분이 배에
있는 쥐를 죽이는 데 효과적이었기 때문이다. 약초학에서 마전자 나무는
암이나 심장병을 치료하는 약으로 알려졌으며, 인도 아유르베다 의학에는
마전자 나무 열매의 씨앗으로 만드는 후다르라는 약이 있다.

당신처럼 기미(己未)일에 태어난 분들이 있다

링컨(미국 제16대 대통령) 1809년 2월 12일

찰스 다윈(영국 생물학자, 진화론 확립) 1809년 2월 12일

아이작 아시모프(미국 소설가, SF의 거장) 1920년 1월 2일

김지미(배우, 〈명자 아끼꼬 쏘냐〉) 1940년 7월 15일

아웅산 수치(미얀마 정치인, 노벨평화상 수상) 1945년 6월 19일

도널드 트럼프(미국 제45대 대통령) 1946년 6월 14일

마전자 나무 열매인 넉스보미카는 쥐약이나 두더지약으로 널리 쓰였을
뿐 아니라, 일일이 확인하기 어려울 정도로 많은 사람을 살해한 독약으로
알려졌다. 그리스어로 '가짓속'이라는 뜻에서 유래한 넉스보미카의 독은 신
경계에 작용하는 강력한 자극제로서 근육에 과도한 항진 반응을 일으킨다.

마전자 나무형 인간은 과도한 열정으로 중단 없이 전진하는 사람이다.
오직 승리를 위해 서둘러 앞으로 나아가며, 지쳐 쓰러질 때까지 광적으로

일에 몰두한다. 옆을 돌아볼 줄 모르는 야망으로 불타오르며, 비판에 귀 기울이는 대신 모든 일을 자기 방식대로 처리한다. 뒤집어 말하면 그만큼 효율이 높은 방식으로 살아가기 때문에, 마전자 나무형 인간 중에는 사회적인 성공을 거둔 지도자들이 유달리 많다.

마전자 나무형 인간의 기준은 다른 사람들보다 높은 경향이 있기 때문에 그의 존재 자체가 주변인들과 불협화음을 불러온다. 피의 명령에 따라 최선을 다할 지라도 도를 넘어서는 안 되는 것이니, 도를 넘지 않는 것의 어려움을 마전자 나무형 인간만큼 실감하는 사람이 다시 있을까.

살아남기 위해서 경쟁해야 한다
승리하는 것이 최선이다
경련 상태가 이완되지 않는다
열정적인 전사
지쳐 쓰러질 때까지 일하는 사업가

세상의 모든 마전자 나무를 위한 금언(金言)

성공과 패배는 노력 여부로 결정되는 것이 아니다.
온 몸에 힘을 빼고 오직 조용한 갈망으로 전진하라.

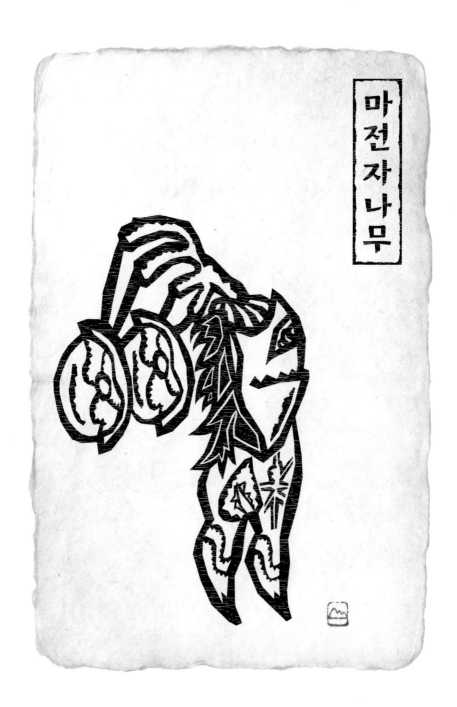

까마귀庚와 원숭이申

광석의 정령 까마귀는 은혜와 복수를 반드시 되갚으며 불도저처럼
밀어붙이는 에너자이저이다.
초가을의 에너지를 가지고 있는 원숭이는 인간보다 한 끗 부족하나
재주와 유머가 있는 여의봉으로 요술을 부린다.

의협심이 강하고 시비를 분명히 하며 고집과 자존심이 강하다.
비굴한 것을 싫어하고 사리사욕이 없다.
총명하고 명예와 권력에 욕심이 많다.
사람들을 잘 아우르고 다스려서 조직에서 일하면 어울린다.
융통성보다는 밀어붙이는 힘으로 일을 처리한다.
자기주장과 개성이 강해서 배우자와 융화가 어렵다.

당신은 청가뢰와 닮았다

청가뢰

스패니쉬플라이(spanish fly) 물집풍뎅이(blister beetle)
학명 | 리타 베시카토리아(Lytta vesicatoria)

청가뢰의 학명은 리타 베시카토리아로, 리타는 그리스어로 광기를 의미
하고 베시카는 라틴어로 물집을 의미한다. 청가뢰의 분비물이 맨살에 닿으
면 물집이 생기기 때문이다. 청가뢰는 몸에 독성물질인 칸타리딘을 가지고
있어서 맨살에 닿으면 따갑고 부어오른다. 배뇨 시 통증, 발열, 혈뇨를 일
으킬 수 있고, 신장을 영구적으로 손상시키거나 사망에 이르게 할 수 있다.

청가뢰는 몸이 날씬하며 연
조직의 에메랄드색이 도는 껍질
로 덮여 있다. 청가뢰의 암컷은
교미하면서 수컷에게서 칸타리
딘 성분을 얻는데, 이는 암컷에
게 교미할 명분을 주는 역할을

한다. 암컷은 수정된 알을 땅벌 둥지 근처의 지면에 낳고, 유충은 깨자마자
벌을 찾아간다. 청가뢰의 유충은 벌의 다리에 매달려 벌집으로 잠입해서
알과 애벌레를 먹으면서 성장한다. 성충은 라일락, 서양물푸레나무, 괴불
나무 등의 잎을 먹고 살며, 자두나 장미, 느릅나무 등에서도 발견된다.

청가뢰는 역사적으로 2000년 이상 최음제로 사용되었으며, 동물들이
교미를 하게 만들 때도 사용되었다. 고대 중국에서는 청가뢰의 칸타리딘을
인분, 비소, 투구꽃 등과 섞어 세계 최초의 악취탄을 만들었다.

당신처럼 경신(庚申)일에 태어난 분들이 있다

코난 도일(영국 소설가, 〈셜록 홈즈의 모험〉) 1859년 5월 22일

나쓰메 소세키(일본 소설가, 〈그 후〉) 1867년 2월 9일

나보코프(러시아 태생 미국 작가, 〈롤리타〉) 1899년 4월 22일

정주영(기업인, 현대그룹 창업) 1915년 11월 25일

스칼렛 요한슨(미국 배우, 〈어벤저스〉) 1984년 11월 22일

반짝이는 금속성 광택을 지닌 청녹색 벌레가 있다. 이채로운 빛깔에 홀
려 가까이 들여다보면, 도톰하게 튀어나온 꽁무니를 맞대고 짝짓기에 여념
이 없다. 청가뢰라고 불리는 딱정벌레의 일종이다. 건드리면 다리 사이에
서 칸타리딘이라는 독성 물질을 분비하는데, 이것이 피부에 닿으면 타는

듯한 통증을 일으키면서 뜨거운 물집이 부풀어 오른다. 예로부터 이 물질이 불러오는 요도의 염증이 성적 흥분으로 오인되었다.

청가뢰가 칸타리딘을 분비하는 까닭은 천적으로부터 자신을 보호하기 위한 것이겠지만, 청가뢰의 알이 어른 가뢰가 될 수 있는 성공률이 1퍼센트도 되지 못한다는 사실과 어른 가뢰 역시 잘 날지 못하는 둔한 몸을 가진 것으로 미루어보면 청가뢰가 하필 수컷의 생식선에서 칸타리딘을 만들어내는 절박한 심정을 이해할 수 있을 것 같다.

청가뢰형 인간은 일견 예민한 선병질로 보이지만 인생을 확률 게임으로 보고 게임에서 승리하기 위해 필사적인 노력을 기울이는 승부사 기질을 가지고 있다. 청가뢰는 청정한 환경에서 사는 깨끗한 존재인가 하면, 뒤영벌의 벌집에 잠입하여 꿀과 알을 먹어치우며 성장하는 파렴치한 존재이다. 청가뢰형 인간의 주제는 오직 생존과 성공이다.

> 모든 자극에 대해 극도로 민감하다
> 증상이 있는 부위에 타는 듯한, 쓰라린, 참을 수 없는 통증
> 눈이 부시고 반짝이는 물건에 악화된다
> 엄청나게 안절부절한다
> 아무 것에도, 누구에게도 만족하지 못한다

세상의 모든 청가뢰를 위한 금언(金言)

물질에 대한 과민함은 당신에게 최고의 재물을 가져다줄 것이다.

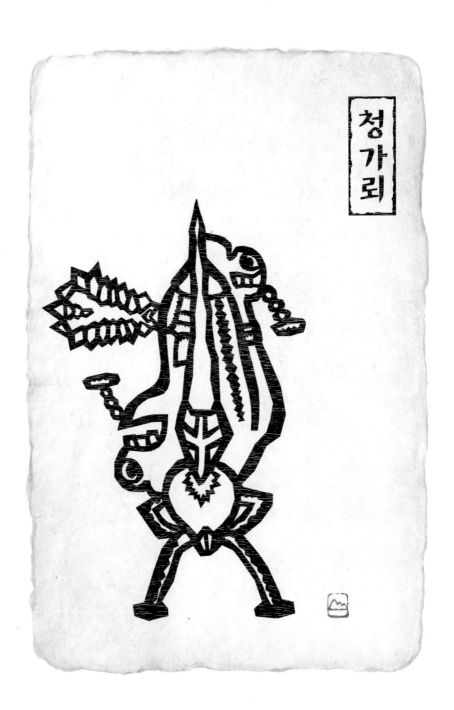

신유 辛酉

꿩辛과 닭酉

보석의 정령 꿩은 질병과 불의를 보면 반드시 고치려고 하는
정의의 해결사이다.
중가을의 에너지를 가지고 있는 닭은 온갖 부조리와 악을 파헤치며
먹이를 구하는 강력한 부리를 지녔다.

자존심이 강하고 남에게 지기 싫어하며 재치가 있고 실속을 챙긴다.
명예를 중시하고 지나치게 깨끗해서 차가운 인상을 준다.
싸늘하고 냉정하면서 고집이 세다.
불의와 타협하지 않는 협객의 기질이 있다.
경쟁을 좋아하고 자아가 강해서 인간관계에 갈등이 생긴다.

당신은 만드라고라와 닮았다

만드라고라

맨드레이크(mandrake) 사탄의사과(satan's apple) 악마의고환(devil's
testicles) 마법사의뿌리(sorcerer's root) 키르케의식물(circe's plant)
학명 | 만드라고라 오피시나룸(Mandragora officinarum)

만드라고라의 영어 명칭인 맨드레이크는 맨(man, 사람)과 드레이크
(drake, 용)의 합성어이다. 페르시아어로는 '사랑의 들풀'이라는 뜻을 가지
고 있다. 만드라고라는 뿌리가 둘로 나뉘며 사람의 하반신 모양과 흡사하
다. 잎 사이에서 종 모양의 연노란색 꽃이 피고, 작은 사과 크기의 열매는

부드럽고 둥글며 사과 냄새가 강하게
난다.

만드라고라에는 다량의 알칼로이드
가 함유되어 있다. 뿌리와 잎에는 환각
성분이 있고 먹으면 질식할 수도 있다.
시야가 흐려지고 동공이 커지며 두통과
구토 증상을 유발한다.

성경의 창세기에서는 레아의 아들 르우벤이 합환채를 발견하고 레아에
게 갖다 주는 장면이 나오는데, 합환채는 만드라고라의 다른 이름이다.

만드라고라는 전설에서 흔히 교수형을 당한 죄수의 정액에서 피어나는
식물로 묘사된다. 만드라고라를 뽑을 때는 인간 형상을 한 뿌리가 비명을
지르는데, 이 소리를 들으면 사람이 미치거나 죽을 수도 있어서 개를 훈련
시켜서 대신 뽑게 했다고 한다.

당신처럼 신유(辛酉)일에 태어난 분들이 있다

앤드류 카네기(미국 철강 재벌, '강철왕 카네기') 1835년 11월 25일

오스카 와일드(아일랜드 작가, 〈행복한 왕자〉) 1854년 10월 16일

리들리 스콧(영국 영화감독, 〈에일리언〉) 1937년 11월 30일

고이즈미 준이치로(일본 정치인) 1942년 1월 8일

스티븐 호킹(미국 물리학자, '블랙홀'과 '상대성 이론' 연구) 1942년 1월 8일

조디 포스터(미국 배우, 〈양들의 침묵〉) 1962년 11월 19일

고통스럽게 비틀린 인간의 육체를 닮은 만드라고라는 독수리에 의해 쪼
아 먹힌 프로메테우스의 간에서 나온 액체에서 자라났다. 프로메테우스는
제우스의 불을 훔쳐 인간에게 선물했으며, 제우스의 분노를 사서 인류에게

'판도라의 상자'에 든 불행과 고통 그리고 최후의 희망을 가져다주었다. 연금술사들은 만드라고라를 소인(小人) 호문클루스에 비유했고, 그리스신화에서는 마법과 주술의 여신 헤카테가 신비의 정원에서 기르는 식물로 등장한다.

솔로몬왕은 정령들을 지배할 힘을 얻기 위해 만드라고라의 뿌리를 반지에 넣고 다녔다. 고통의 극치를 상징하는 만드라고라를 활용하여, 고통을 통제하는 최고의 지혜를 얻은 것이다.

만드라고라형 인간의 과제는 솟구치는 고통의 감정을 최고의 균형감각으로 다루는 것이다. 그것이 가능하다면 권력과 부, 지혜 같은 가치 있는 것들을 얻을 것이다. 만드라고라가 고대 그리스의 본초학자들과 중세의 수도사들에게 진통과 마취, 수면의 효력을 발휘하는 용도로 사용된 것을 보면, 균형감각의 열쇠는 고통의 극치에서 자신을 완벽하게 내려놓는 일임을 알 수 있다.

감정적인 이유로 인한 현기증
갑작스러운 화, 억눌린 화
정신분열증
머리와 몸이 따로 떨어져 있는 느낌
극도로 신이 나는 흥분과 동시에 나른해진다

세상의 모든 만드라고라를 위한 금언(金言)
기쁨의 눈물을 누군가와 함께 쏟아내라.
슬픔의 눈물도 함께 빠져나갈 것이다.

임술
壬
戌

제비壬와 개戌

바다의 정령 제비는 바다 건너 강남까지 갔다가 다시 돌아오는
회귀성을 지녀 같은 일을 반복한다.
늦가을의 에너지를 가지고 있는 개는 주인에 대한 충성심이 강하며
낮보다 밤을 즐기는 호위무사이다.

지혜롭고 총명하며 재치가 있다.
인정이 많으나 성질이 다소 괴팍하고 독선적 기질도 있다.
호탕한 성격에 솔직담백하고 배짱이 있으나 과격한 면도 있다.
정석과 원칙을 지키며 재물에 집착하는 사업가 스타일이다.
판단력이 뛰어나서 위기 상황에 기민하게 대처할 줄 안다.

당신은 불가사리와 닮았다

불가사리

일반불가사리(common starfish) 일반붉은불가사리(common red
starfish)

학명 | 아스테리아스 루벤스(Asterias rubens)

불가사리는 주로 대서양 북동부에 서식하며, 외형은 주황색이나 갈색을
띠고 깊은 물에 사는 것들은 창백한 색을 띤다. 팔이 다섯 개 있고, 중앙이
넓으며, 위쪽 표면에 짧은 흰색 등뼈들이 줄지어 나 있다. 불가사리는 쌍각
류 조개나 갯지렁이, 따개비, 고둥 등의 저생생물을 먹고 산다. 조개를 발

견하면 팔로 조개껍질을 비틀어
열어서 몸 아래쪽 가운데에 있
는 입으로 잡아먹는다. 신체구
조가 특이해서 팔의 끝에 눈이
한 개씩 달려 있고, 뇌나 피도
없어서 불가사리의 피로 보이는
것은 바닷물이 체내로 정수된 것에 불과하다.

눈에 띠는 화려한 색깔을 하고 있어서 주변의 지형지물로 위장하거나 포식자들을 겁먹게 한다. 불가살(不可殺)이라는 이름처럼 생명력이 매우 강해서, 몸 일부를 잘라내면 플라나리아처럼 잘라낸 자리에서 새살이 돋으면서 분열생식을 할 수 있다.

당신처럼 임술(壬戌)일에 태어난 분들이 있다

괴테(독일 소설가, 〈젊은 베르테르의 슬픔〉) 1749년 8월 28일

록펠러(미국 사업가, 대부호) 1839년 7월 8일

찰리 채플린(영국 영화감독, 〈모던 타임즈〉) 1889년 4월 16일

빌 게이츠(미국 기업가, '마이크로소프트' 설립자) 1955년 10월 28일

강호동(씨름선수, 연예인) 1970년 6월 11일

싸이(가수, '강남스타일') 1977년 12월 31일

불가사리는 스타피쉬라는 별명을 가지고 있는데, 불가사리가 별모양을 하고 있어서 하늘에서뿐 아니라 땅에서도 별을 보게 하려는 '신의 선물'이라는 의미를 지닌다. 기독교에서는 불가사리가 안전한 항해를 돕는 동정녀 마리아를 상징하며, 이집트에서는 도움을 필요로 하는 자들의 친구인 이시스 여신의 신성한 불가사리들에 대한 이야기가 있다. 일설에는 비너스가

바다 거품에서 태어날 때 한 손에 불가사리를 쥐고 있었다고 한다. 불가사리는 머리 하나, 팔 둘, 다리 둘을 지닌 인체 즉 육체적인 전체를 상징하며, 감각과 느낌을 통해 사랑과 미에 도달하는 비너스 여신을 상징한다.

불가사리형 인간은 최상의 행복감 속에서 차고 넘치는 아이디어를 떠올리며, 때로는 견딜 수 없는 불안감과 피로감에 빠지기도 한다. 불가사리는 끈으로 묶어놓아도 구속할 수 없다. 몸을 오므렸다 폈다 하면서 빠져나가기 때문이다. 불가사리형 인간의 독립에 대한 갈망과 인내심 없는 태도는 그를 무리에서 떨어진 외톨박이로 만든다. 그럼에도 불구하고 그는 사랑스러운 괴짜의 자리를 차지하는데, 놀라운 생명력을 지닌 그의 존재가 언제나 그가 속한 집단에 행운을 가져오기 때문이다.

독립하고 싶은 강한 욕구가 있다
다른 사람들에게 많은 것을 기대한다
말다툼하기를 매우 좋아한다
반박당하는 것을 못 참는다
머리에 울혈이나 터질 것 같은 통증이 있다

세상의 모든 불가사리를 위한 금언(金言)
행운의 여신은 당신의 마음속에 갇혀 있다.
달빛 아래 문을 열어젖히면, 그녀가 인생 속으로 춤추며 들어올 것이다.

불가사리

계해
癸亥

박쥐癸와 돼지亥

냇물의 정령 박쥐는 낮과 밤이 바뀌고 천장에 매달려 사물을 거꾸로 보며 새로운 일의 시작을 도모하는 창의성을 지녔다.

초겨울의 에너지를 가지고 있는 돼지는 모든 생명의 유전자를 저장할 정도로 욕심이 많으며 만물의 형벌과 독을 해독시키는 능력의 소유자이다.

지혜롭고 총명하며 선견지명이 있는 외유내강형이다.
평온해 보여도 성급하고 과격할 때가 있으며 화가 나면 무섭게 돌변한다.
내적인 주관이나 추진력은 있으나 남에게 관철시키지는 않는다.
타인과의 불화를 피하고 융통성 있게 대처하는 편이다.
인내심이 있으며 현재보다 미래지향적인 선택을 한다.

당신은 고니와 닮았다

고니

툰드라백조(tundra swan) 비윅백조(bewick's swan)
학명 | 시그누스 비위키(Cygnus bewickii)

　고니의 학명은 시그누스 비위키로, 시그누스는 라틴어로 백조를 뜻하며 비위키는 동물 삽화가 토마스 비윅을 기념하여 붙인 이름이다. 주로 유라시아 북부 특히 툰드라 지역에 서식하는데, 날개를 펼치면 1.4미터에 달한다. 고니의 깃털은 완전히 흰색이고, 발은 검은색, 부리도 검은색이지만 윗부분은 노란색을 띤다.

번식할 때는 일부일처제를
유지하고, 파트너가 죽으면 한
동안 교미하지 않다가 다른 파
트너를 찾는다. 식성은 채식성
이라 여름에는 주로 물가에 나
는 수상식물을 먹는다. 그밖의

계절에는 밭에 남은 곡물이나 감자 등의 농작물을 먹는다. 겨울 철새라서
10월에서 3월까지는 따뜻한 지역에서 지내다가, 다음 6개월간은 시베리아
로 돌아가서 새끼를 낳고 번식한다.

영역 관리에 철저해서 자기 영역에서 다른 새들을 쫓아내고 나면 자축
하듯이 날개를 펄럭이면서 자기들끼리 큰소리로 부르곤 한다. 한 쌍의 고
니가 키스하는 것처럼 부리를 맞대는 경우가 있는데, 이럴 때 목이 하트처
럼 굽어서 매우 아름다운 모습을 연출한다.

당신처럼 계해(癸亥)일에 태어난 분들이 있다

하이든(오스트리아 작곡가, 〈천지창조〉) 1732년 3월 31일

롱펠로(미국 시인, 〈인생찬가〉) 1807년 2월 27일

시몬느 드 보부아르(프랑스 작가, 현대 여성주의의 초석을 놓음) 1908년 1월 9일

마더 테레사(인도 로마카톨릭교회 수녀, 노벨평화상 수상) 1910년 8월 26일

유덕화(홍콩 배우, 〈열혈남아〉) 1961년 9월 27일

강이나 호수에 한가로이 떠 있는 새하얀 고니. 그들은 가장 덩치가 큰
비행 조류 가운데 하나이다. 저만치 물에 속하고 저만치 하늘에 속한 고니
는 인간과는 다른 차원의 생애를 사는 것처럼 보인다. 신화와 민담에 등장
하는 고니가 드루이드 같은 주술사나 제우스 같은 신격의 영혼을 담은 대

안적 육체로 묘사되는 것은, 변신의 마법을 통해 이승과 저승의 벽을 넘나들고 싶은 인간의 욕망이 투영되었기 때문이다.

백조는 죽기 직전에 딱 한 번 아름다운 노래를 부른다. 그렇게 불러지는 '백조의 노래'에는 꿈에서나 만날 수 있는 아름다운 몸짓이 따른다. 가장 절실하며 가장 관능적인 몸짓이야말로 고니형 인간의 속내를 드러낸 것이다. 관능적인 욕망이 궁극의 완성을 추구할 경우, 외로움과 자기 부정의 번민이 따른다. 고니형 인간의 번뇌가 외면을 향하기보다 내면을 향하는 까닭이다.

물 위에 떠 있던 고니가 하얀 빛무리를 남긴 채 사라진 것을 보면서 우리는 아름다운 것의 허무를 실감한다. 고니형 인간들이여, 아름다움에 집착하지 마시라. 당신은 충분히 아름답지만, 아름다움이란 차원을 넘나드는 자유와 그 자유의 영혼인 창조성의 껍데기일 뿐이다.

나는 '미운 오리 새끼'다
나에게는 소속감이 중요하다
춤을 추면서 무아지경에 빠질 때가 있다
다정함에 대한 욕구가 있다
열광적인 영혼을 가지고 있다

세상의 모든 고니를 위한 금언(金言)
당신의 열정이 세상을 변화시킨다.
춤추는 혁명가, 당신의 다른 이름이다.

도서명 | 독을 약으로 바꾸는 마음의 비방
발행일 | 2018. 9. 12
지은이 | 강영희, 이백희(글) / 남궁산(그림)
디자인 | 디자인54
펴낸이 | 김동규
펴낸곳 | 큰기러기
주소 | 서울시 종로구 필운대로1길 7-5
등록번호 | 종로구청 제2018-000092호
전화 | 02-6077-7620
네이버 블로그 | gumunjadab(구문자답)
ISBN13/부가 | 9791196478209 / 13180
정가 | 15,000원

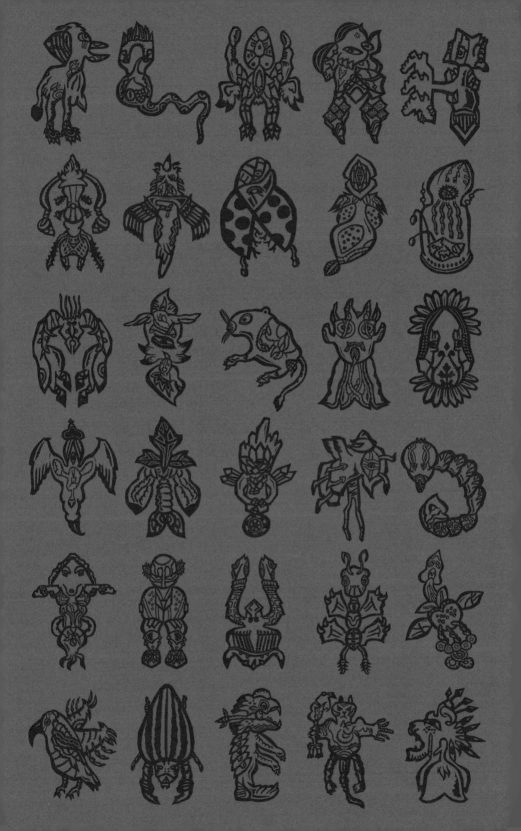

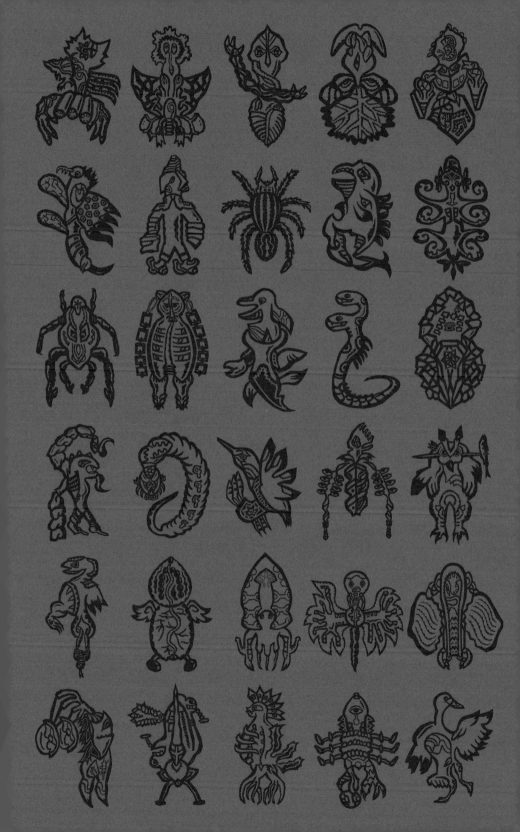